einfache Spiele

viel Vorbereitung

en Deutschkurs:

ch als Fremdsprache

lernen

on Ekaterina Klaer

Inhaltsverzeichnis

Kapitel 4 - Kombinierte Gruppenspiele: Wortschatz- und Grammatikwiederholung, Interaktion, Konversation 114

Wer spielt, der lernt! Wer lernt, der lebt! Wer lebt, der spielt!

Jörg Roggensack

Einleitung

Zuerst danke ich für Ihr Interesse an diesem kleinen Buch. Es ist eine Sammlung von spielerischen Methoden für den Deutschunterricht, die mit nur wenig Vorbereitung eingesetzt werden können.

Ich unterrichte seit mehreren Jahren Deutsch als Fremdsprache in Integrationskursen. In diesem Buch finden Sie schnelle Hilfe für einen interessanten, kreativen, dynamischen Deutschunterricht. Alle Spiele habe ich selbst bei meiner Arbeit als DaF-Dozentin erprobt und wende sie ständig an. Deutsch lernen mit ganz viel Spaß, Bewegung und Emotionen ist motivierend nicht nur für Kinder, sondern auch für Erwachsene.

Ich habe die Spiele seit langer Zeit für mich in verschiedenen Heften gesammelt und für meinen Unterricht angepasst. Es kam aber der Zeitpunkt, wo ich beschlossen habe, alles zu strukturieren und eine bequeme Sammlung daraus zu machen, in die man im Unterricht schnell schauen kann, um was Passendes auszusuchen, und die vielleicht auch Ihnen helfen wird.

Mithilfe dieser spielerischen Methoden kann man sowohl Wortschatz, Grammatik, Rechtschreibung vermitteln als auch die Teilnehmer in der Gruppe einander näherbringen, Sprachhemmungen abbauen, sie kommunikativ fördern und motivieren. So wird der gelernte Stoff besser im Gedächtnis verankert.

Wichtig bei der Spielauswahl war für mich vor allem, dass:

- diese Spiele ohne viel Vorbereitung und ohne viel Aufwand umzusetzen sind;
- geringer Materialeinsatz erforderlich ist;
- die Spiele schnell einsetzbar sind;

- die Spiele und die Anleitung verständlich für die Lernenden sind.

Nicht zuletzt bieten sich diese Spiele für Kindergeburtstage, Grundschulen, Nachhilfe oder ähnliche Anlässe an.

Die Leidenschaft für Spiele hatte ich schon als Kind. Als Kinder haben wir uns oft vor unserem Haus versammelt und verschiedene Teamspiele gespielt. Ich hatte ein dickes Buch von meinen Eltern bekommen und habe sehr viele Spiele daraus mit meinen Freunden ausprobiert. Auch in der Schule nach dem Unterricht haben wir oft spielerische Wettbewerbe mit meinen Klassenkameraden organisiert und kreative Aufgaben ausgearbeitet. Einige dieser Spielideen habe ich auch in diesem Buch für den Unterricht Deutsch als Fremdsprache übernommen.

Zu jedem Spiel finden Sie die wichtigsten Informationen auf einen Blick: **Thema, Lernziel, benötigtes Material, Dauer, klare Anleitungen, hilfreiche Beispiele und Redemittel** und auch noch zusätzliche

Variationsmöglichkeiten, wie man das Spiel differenzieren und abändern kann. Am Ende des Buches finden Sie **eine übersichtliche Tabelle mit Lernzielen** und **ein Register**.

Diese Spiele und Aufgaben kann man in verschiedenen Bereichen im DaF - Unterricht, aber auch im regulären Deutschunterricht einsetzen. Sie sind sowohl für Kinder als auch Erwachsene sehr gut geeignet. Die Spiele sind umfassend beschrieben und geben Ihnen einen Denkanstoß für zusätzliche eigene Ideen und auch eventuelle Erweiterungen. Auch den Schwierigkeitsgrad vieler Spiele können Sie selbst beliebig verändern.

Ich hoffe, dieses Buch wird Ihnen helfen, Ihren Deutschunterricht unterhaltsam und lehrreich zu gestalten. Die Teilnehmer werden es kaum abwarten können, wieder mit Ihnen Deutsch zu lernen.

In den Spielbeschreibungen benutze ich folgende Abkürzungen:

KL = Kursleiter

TN = Teilnehmer

PA = Paararbeit

GA = Gruppenarbeit

Sg.= Singular

Pl. = Plural

Wer in der Schule nicht spielen
lernt, lernt nicht lernen.

W. Menzel

Kapitel 1 – Eisbrecherspiele

Diese Spiele eignen sich besonders für den ersten Tag in einer Lerngruppe zur Auflockerung und zum Kennenlernen.

1. Namensspiel

Lernziel: andere TN kennenlernen, Auflockerung

Material: Namensschilder, Ball

Dauer: 5 Min

Verlauf:

Der KL fängt an. Er wirft den Ball einem TN zu und nennt dabei dessen Namen. Die TN setzen das Spiel fort und müssen den Namen des Fängers laut rufen.

Dieses Spiel ist sehr gut für den ersten Tag in einer Gruppe geeignet, wenn die TN einander noch nicht kennen. Das sorgt für Stimmung und lockere Atmosphäre.

2. Kettenspiel

Lernziel: sich vorstellen, Namen der TN lernen, zuhören lernen, Gedächtnistraining

Material: nicht erforderlich

Dauer: 5 Min

Verlauf:

Der erste TN beginnt mit der Vorstellung, z. B.: *Ich heiße Dina.*

Die zweite Person nebenan wiederholt den ersten Namen und fügt ihren Namen hinzu, z. B.: *Dina und ich heiße (bin) Lisa etc.*

Das Spiel sorgt für Auflockerung in der Gruppe. Auf diese Weise lernen die TN einander schneller kennen und überwinden Hemmungen.

3. Teamaufstellung nach ABC

Lernziel: Namen der TN lernen, zuhören lernen, Alphabet (Datum, Herkunft) wiederholen

Material: nicht erforderlich

Dauer: 5-10 Min

Verlauf:

Bei dieser Aktivität geht es darum, eine Reihenfolge herzustellen, die durch gegenseitiges Befragen und Antwort ermittelt wird.

Der KL teilt die Gruppe in zwei Teams und erklärt die Spielregeln.

Jedes Team muss sich so schnell wie möglich alphabetisch sortiert nach den Vornamen in die richtige Reihenfolge stellen.

Das schnellere Team gewinnt. Die TN im Team können dabei zur Kontrolle am Schluss Ihre

Namen ausrufen und alle vorausgehenden wiederholen.

Diese Übung kann auch nach anderen Kriterien gestaltet werden.

Variante 1:

Aufstellen in der Reihenfolge der Geburtstage, der Geburtsmonate innerhalb des Jahres. (<u>Lernziel</u>: Datum angeben)

Variante 2:

Aufstellen nach dem Herkunftsland von A bis Z. (<u>Lernziel</u>: Herkunft erfragen)

Kapitel 2 - Spiele zu Wortschatz und ABC

*„Ich kenne nicht eine einzige
Gesprächssituation, die wegen
grammatischer Unsicherheit oder
Unkenntnis zusammengebrochen
wäre, wohl aber sehr viele Fälle, wo
Kommunikation wegen
unbekannter Wörter nicht zustande
kam."*

Freudenstein (1999: 544)

Bei der Wortschatzarbeit empfehle ich, lieber nach dem Motto „weniger ist mehr" zu arbeiten und den Lernstoff zu reduzieren. Wortschatzspiele helfen gut zum Einprägen, Wiederholen und zum Personalisieren der Wörter (die TN assoziieren etwas Eigenes mit diesen Wörtern).

11

4. Verschiedene Methoden zur Arbeit mit der Wortschatzliste

Lernziel: Wörter mit Artikeln wiederholen, Wortschatz trainieren, Singular, Plural, Rechtschreibung üben

Material: Wörterlisten, Blatt und Stift

Dauer: 5-15 Min

Verlauf:

Nach jeder Lektion gibt es in Lehrwerken sehr oft Wörterlisten. Damit die TN den Wortschatz festigen, können Sie folgende Aufgaben dazu einsetzen:

Variante 1:

Die TN arbeiten zu zweit und konjugieren je 3 Verben aus der Wortschatzliste.

Variante 2:

Die TN schreiben 3 Sätze mit Wörtern aus der Wortschatzliste.

Variante 3:

Die TN suchen sich 10 Vokabeln und bilden Sätze oder sie schreiben einen kleinen Text dazu.

Variante 4:

Diese Übung verläuft mit Musikbegleitung. Das führt zur Aktivierung von Strukturen, die für Wachheit und Aufmerksamkeit wichtig sind und aktiviert das Belohnungssystem!

TN schließen ihre Bücher, sie haben nur ein Blatt und einen Stift.

KL nennt ein Wort, die TN schreiben es mit dazugehörigem Artikel.

Danach folgt die Korrektur. Schreibweise und Artikel werden vom KL angeschrieben, die TN berichtigen ihre Fehler.

Apfel – der Apfel

Variante 5:

KL nennt die Worte im Singular – Die TN schreiben ihre Pluralform.

das Kind – die Kinder

Variante 6:

KL nennt Adjektive und die TN schreiben deren Gegenteil auf.

hell – dunkel

Variante 7:

TN arbeiten zu zweit. Ein TN diktiert seinem Nachbarn fünf Wörter aus der Wortschatzliste und kontrolliert anschließend. Dann tauschen sie die Rollen.

Variante 8:

Die TN arbeiten zu zweit mit ihren Wortschatzlisten. Der erste TN erklärt ein Wort durch Umschreibung ohne dieses Wort zu nennen. Der andere TN muss das Wort erraten. Dann tauschen sie die Rollen.

Diese Aufgabe ist sehr hilfreich in Fällen, bei denen nicht alle TN die Wörter übersetzt oder verstanden haben. So helfen die TN einander und entwickeln auch ihre sprachlich-soziale Kompetenzen.

<u>Beispiel:</u>

Eine Frau ist schwanger. Sie bekommt bald ein Baby. Sie hat einen Geburtstermin. Und wenn das Baby kommt, dann heißt das ... (die Entbindung) Die TN raten und suchen das passende Wort aus der Wortschatzliste.

5. Brainstorming Aktivität

Lernziel: Wortschatz zu verschiedenen Themen auffrischen, festigen, Rechtschreibung

Material: nicht erforderlich

Dauer: 10 Min

Verlauf:

KL gibt ein Thema vor. Die TN müssen alle Wörter zu diesem Thema nennen. Diese Methode eignet sich sehr gut als GA oder im Plenum.

Variante:

Die Gruppe wird in zwei Teams aufgeteilt. Jede Gruppe bekommt Oberbegriffe und die Teams schreiben an der Tafel ihre Assoziationen dazu. Am Schluss werden die korrekt geschriebenen Wörter gezählt. Für jedes richtig geschriebene Wort gibt es einen Punkt. Es gewinnt das Team mit den meisten Punkten.

Beispiel:

Herbst – Winter

Männerkleidung- Frauenkleidung

Obst - Gemüse

6. „Ich bin Maria und ich bin modisch"

Lernziel: Kennenlernen, Namen und Adjektive miteinander verbinden, Adjektive, die in Verbindung mit der Person stehen

Material: nicht erforderlich

Dauer: 10 Min (je nach Gruppengröße)

Verlauf:

Dieses Spiel ist für TN geeignet, die schon einen recht guten Wortschatz haben, nicht für Anfänger.

Jeder TN nennt seinen Vornamen und findet dazu noch ein Adjektiv mit dem gleichen Anfangsbuchstaben wie sein Vorname. Das Adjektiv soll ihn charakterisieren.

Beispiel:

Ich bin Maria und ich bin modisch.

Ich bin Danko und ich bin dynamisch.

Variante 1:

18

Jeder TN nennt seinen Vornamen und sagt, was er mag. Dabei nennt er nur Wörter mit demselben Anfangsbuchstaben wie sein Vorname.

<u>Beispiel:</u>

Ich bin Maria und ich mag Mango.

Ich bin Danko und ich mag Datteln.

<u>Variante 2:</u>

Jeder TN nennt seinen Namen und sagt was er gerne tut. Dabei nennt er nur Verben, die mit demselben Buchstaben anfangen, wie sein Name.

<u>Beispiel:</u>

Ich bin Maria und ich male gern.

Ich bin Danko und ich diskutiere gern.

<u>Variante 3:</u>

Jeder TN schreibt den eigenen Namen mit den Buchstaben untereinander und ergänzt Adjektive, die zu ihm passen und ihn gut charakterisieren.

<u>Beispiel:</u>

Modisch

Attraktiv

Ruhig

Interessant

Aufmerksam

7. „Finde deinen Partner"

Lernziel: Wortschatz wiederholen, gegensätzliche Wörter, Komposita finden, trennbare Verben bilden

Material: Wortkarten mit Gegensätzen, Komposita

Dauer: 5 Min

Verlauf:

Jeder TN erhält eine Karte aus dem Themenbereich Gegensätze. Die Aufgabe besteht darin, zu den einzelnen Karten jeweils den Partner mit dem gegensätzlichen Teil zu finden. Auf ein Zeichen fangen die TN an, sich im Raum zu bewegen und zu suchen.

Dieses Spiel eignet sich auch gut als Partnerfindung, um weitere Übungen in PA auszuführen, z. B. für Dialoge.

Beispiel:

lieben - hassen

Freund – Feind

Wut – Freude

traurig – fröhlich

Variante 1:

TN bekommen Karten mit Wörtern zum Thema „Komposita", z. B. *Bad, Zimmer, Kinder, Tisch etc.* TN suchen einen passenden Partner, bilden ein zusammengesetztes Wort und einen Satz mit diesem Wort. Die Wörter und die Sätze werden im Plenum vorgelesen.

Variante 2:

TN bekommen Karten mit trennbaren Verben: Infinitivform und Präfix, z. B. *machen, auf, fangen, an etc.* TN suchen einen Partner mit dem passenden Teil und bilden danach 2-3 Sätze mit diesem Verb. Die Sätze werden im Plenum vorgelesen.

8. Obst- und Gemüse -ABC

Lernziel: Wortschatz zu einem bestimmten Thema auffrischen, Rechtschreibung

Material: Blatt, Stift

Dauer: 15 Min

Verlauf:

Jeder TN schreibt das Alphabet, wie im Beispiel, untereinander auf. Auf das Zeichen des KL suchen die TN für jeden Buchstaben ein Nomen zum Thema, z. B. *Obst und Gemüse*. Wenn für manche Buchstaben (z. B. Y, X, U) kein Wort gefunden wird, werden diese ausgelassen. Oder die TN dürfen Fantasienamen erfinden. Wer in der vorgegebenen Zeit die meisten Wörter gefunden hat, ist Sieger!

Beispiel:

A: Apfel	B: Birne	C: Champignon	
D: Datteln	E: Erdbeeren	F: Feige:	
G: Grapefruit	H: Heidelbeeren	I: Ingwer	
J: Johannisbeeren	K: Kiwi	L: Litschi	
M: Mango	N: Nektarine	O: Orange	
P: Pfirsich	Q: Quitte	R: Rote-Rübe	
S: Spargel	T: Traube	U:	
V: Vogelbeere	W: Wassermelone	X:	
Y:	Z: Zitrone		

Variante:

Man kann für dieses Spiel auch ein im Unterricht behandeltes Thema nehmen (z. B, *Möbel, Essen und Trinken, Haushalt, Kleidung etc.*) und die TN passende Wörter dazu schreiben lassen.

24

9. „Gegenteile mit Ball"

Lernziel: gegensätzliche Wörter finden, Wörter in Sinnzusammenhänge setzen

Material: Ball

Dauer: 5-10 Min

Verlauf:

Die TN stehen im Kreis. Ein TN nennt ein Adjektiv, zu dem es ein klares Gegenteil gibt, z. B. *dick*. Dann wirft er einem TN im Kreis einen Ball zu. Der fangende TN muss rasch das Gegenteil benennen, in diesem Fall *dünn*. Weiß er das Gegenteil nicht, scheidet er aus und setzt sich. Wer als Letzter stehen bleibt, ist Gewinner. Es ist empfehlenswert, dieses Spiel mit einer kleinen Teilnehmerzahl (unter 10-12 TN) durchzuführen. Das gibt mehr Dynamik und die TN müssen nicht lange auf den Ball warten.

Variante:

Man kann mit dem Ball auch Zeitformen, Steigerungsstufen der Adjektive und vieles mehr trainieren.

Beispiele:

Ein TN nennt Infinitivform des Verbs, sein Gegenüber bildet Präteritum und Partizip II etc.

gehen - ging, gegangen

Bei Adjektiven geht das Spiel ähnlich. Ein TN nennt ein Adjektiv in der Grundform – Positiv, der andere muss schnell Komparativ und Superlativ bilden.

schön – schöner, am schönsten

10. „Schriftsetzer"

Lernziel: Wörter bilden, Rechtschreibung

Material: Papier, Stift

Dauer: 15-25 Min

Verlauf:

Dies ist das Einfachste aus den interessantesten und das Interessanteste aus den einfachsten Spielen. Man kann es mit TN jeden Alters spielen. In diesem Spiel kommt auch Allgemeinwissen zutage.

Der KL sucht ein langes Wort aus und schreibt es an die Tafel. Es kann ein Verb, ein Adjektiv oder ein Substantiv sein. Die TN fangen an, aus den Buchstaben im Wort neue Substantive (in Singular Nominativ) zu bilden. Wenn in dem Ausgangswort ein Buchstabe mehrere Male vorkommt, darf man diesen Buchstaben auch genauso oft verwenden.

Wer in 15 Minuten die meisten Wörter findet, gewinnt.

<u>Beispiel:</u>

Mehrgenerationenhaus

1. Der TN, der die meisten Wörter gefunden hat, schreibt sie an die Tafel. Die Wörter, die sich auch bei den anderen Spielern finden, streicht er aus der Liste. Dann schreibt der TN seine Wörter auf, der das zweitbeste Ergebnis hat usw. Gewinner ist die Person, bei der die meisten Wörter geblieben sind.

2. Für jedes nicht durchgestrichene Wort aus 3 Buchstaben bekommen die TN 1 Punkt, für jedes nicht durchgestrichene Wort aus 4 Buchstaben 2 Punkte, Wörter aus 5 Buchstaben erbringen 3 Punkte, aus 6 Buchstaben 4 Punkte usw. Alle Punkte werden anschließend zusammengezählt. Die Person mit der höchsten Punktezahl gewinnt.

Wenn der KL keine Zeit zum Punktezählen hat, wird einfach der Sieger mit den meisten gefundenen und korrekten Wörtern genannt.

11. „Assoziationen Lebensmittel"

Lernziel: Wortschatz wiederholen, schnelle Reaktion, assoziieren und kategorisieren zum Thema *Lebensmittel* oder anderen Themenbereichen

Material: Ball

Dauer: 5-10 Min

Verlauf:

Ein TN wirft einem anderen Spieler einen Ball zu und nennt dabei eine Unterkategorie: z. B. *Obst, Gemüse, Milchprodukte, Getreideprodukte, Fisch, Fleisch*. Der Fänger muss nun schnell ein Wort nennen, das er mit diesem Begriff assoziiert: z. B. *Obst - Apfel*. Dann wirft der Fänger den Ball weiter: *Frühling – Blumen, Herbst – Regen* etc.

Variante:

Man kann auf diese Weise auch andere Kategorien nehmen und so grundsätzlich Vokabeln wiederholen, z. B. Tiere, Farben, Kleidung, Essen, Jahreszeiten.

12. „Welches ist dein Lieblingswort?"

Lernziel: Wortschatz einer Lektion wiederholen

Material: Wortschatzliste

Dauer: 5 Min

Verlauf:

TN sehen sich am Ende einer Lektion noch einmal die Wortschatzliste und die Seiten der Lektion an. Jeder schreibt sein „Lieblingswort" an die Tafel oder ins Heft und begründet seine Wahl. Die anderen TN haben die Möglichkeit, sich zusätzliche Wörter zu notieren und Fragen zu stellen.

13. „Wörter sammeln"

Lernziel: Wortschatz trainieren, Rechtschreibprüfung

Material: nicht erforderlich

Dauer: 5 Min

Verlauf:

Ein Buchstabe des Alphabets wird spielerisch ermittelt, z. B. indem ein Spieler im Kopf das Alphabet aufsagt und ein anderer TN an beliebiger Stelle „Stopp" ruft. Mit diesem Anfangsbuchstaben werden dann Wörter gesammelt. Je nach Lernstand können beliebig viele Wörter gebildet werden.

Beispiel:

A. *Auto, Ananas, Aquarium*

Variante:

Es treten zwei Gruppen mit unterschiedlichen Anfangsbuchstaben gegeneinander an, z. B. *A und*

O. Sie schreiben die Wörter an die Tafel. Welche Gruppe findet die meisten Wörter?

14. Wortschatztest

Lernziel: Gedächtnistraining

Material: Folie mit Wörtern oder Tafel (25 Wörter)

Dauer: 10 Min

Verlauf:

Der KL zeigt der Gruppe 25 Wörter und gibt 2 Minuten Zeit zum Einprägen der Wörter. Danach verdeckt er sie. Die TN schreiben Wörter auf, die sie behalten haben. Danach vergleichen die TN ihre Ergebnisse. Anschließend kann man hier über Lernmethoden, Mnemotechniken sprechen und die TN befragen, wie sie sich die Wörter eingeprägt haben.

Schaf	Hügel
Baum	Wolke
Massimo	kurz
Nacht	Tag
Italien	Katze
Hund	Sterne
windig	heiß
sonnig	Sport
weinen	schreiben
Ball	tanzen
Seil	Flugzeug
Kleid	Arbeit
Spielzeug	

15. Mind-Map/ Bildassoziationen

Lernziel: Wortschatz festigen

Material: nicht erforderlich oder zwei unterschiedliche Bilder

Dauer: 10-15 Minuten

Verlauf:

Die Gruppe wird in zwei Teams A und B aufgeteilt. Der KL teilt die Tafel ebenso in zwei Spalten und schreibt je einen Begriff in jede Spalte oder befestigt zwei verschiedene Bilder darauf.

Die TN bilden 2 Reihen von beiden Seiten der Tafel. Auf Kommando schreiben die Spieler der Reihe nach ihre Wörter, Assoziationen zu diesem Begriff oder Bild auf: Nomen mit dem Artikel, Verben, Adjektive. Wenn ein TN kein Wort dazu kennt, warten alle auf ihn.

Das Team, dass mehr korrekte Wörter innerhalb der vorgegebenen Zeit an die Tafel notiert, gewinnt.

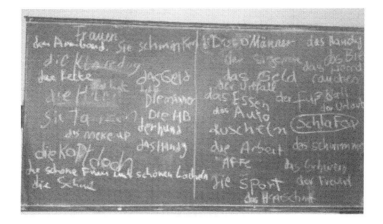

16. „Essbar - nicht essbar"

Lernziel: Wortschatz festigen, zuhören,
Aufmerksamkeit und gute Reaktion trainieren

Material: Ball

Dauer: 10 Min

Verlauf:

Dieses Spiel kann man sowohl im großen Raum als
auch draußen spielen. Der KL stellt sich vor die TN
und wirft ihnen der Reihe nach einen Ball zu.
Dabei nennt er jedes Mal ein beliebiges Nomen.
Falls das, was es bedeutet, essbar ist, z. B. *die
Birne*, muss der Spieler den Ball fangen, falls
nicht, z. B. der *Tisch* – ihn fallen lassen. Der
Spieler, der Fehler gemacht hat, scheidet aus. Es
gewinnt die Person, die als letzte bleibt.

Dieses Spiel sorgt regelmäßig für Gelächter, wenn
jemand etwas nicht Essbares „isst".

17. „Städte"

Lernziel: Wortschatz festigen, zuhören lernen, Aufmerksamkeit und gute Reaktion trainieren

Material: nicht erforderlich

Dauer: 5-10 Min

Verlauf:

Dieses einfache und spannende Spiel ist in vielen Ländern bekannt. Ich habe es als Kind auch sehr oft gespielt.

Der erste Spieler nennt eine Stadt, z. B. *Berlin*. Der nächste TN muss eine Stadt nennen, die mit dem Endbuchstaben beginnt, z. B. *Nürnberg*. Der dritte Spieler nennt die Stadt mit g, z.b. *Genf*. Der nächste TN verfährt ebenso usw. Städte dürfen die TN nicht wiederholen.

Der Spieler, der die nächste Stadt nicht nennen kann, scheidet aus. Sieger ist, wer als Letzter bleibt.

Variante:

Man kann Themen nehmen, die zum Wissenstand der TN besser passen: Tiere, Beruf, Pflanzen, Essen, Kleidung

18. „Tabu"

Lernziel: Wortschatz festigen, zuhören, erklären, Aufmerksamkeit und Gedächtnis trainieren

Material: Papier, Stift

Dauer: 5 Minuten

Verlauf:

Die TN schreiben 10 Wörter auf ein Blatt Papier auf. Sie können beliebig sein oder zu einem vorgegebenen Thema passen. Dabei dürfen die TN diese Wörter Ihrem Gegenüber nicht zeigen. Danach arbeiten sie in PA.

In 2 Minuten müssen die TN so viele Begriffe wie möglich aus ihrer Liste ihrem Gesprächspartner durch Umschreibung erklären, ohne das eigentliche Wort zu nennen.

Anschließend fragt der KL wie viele Wörter die TN erklären konnten, so dass sie erraten wurden.

19. Wortschatzgewimmel

Lernziel: Festigung eines zuvor gelernten Wortschatzes, sprachliche Kompetenzen ausbauen

Material: Wortkarten

Dauer: 10 Min

Verlauf:

Der KL verteilt Karten zu einem bestimmten Wortschatz an die TN. Für mehr Bewegung stehen die TN auf und jeder Spieler geht zu einem Partner, um sich seinen Begriff erklären zu lassen. Dabei läuft Musik. Wenn die Musik stoppt, suchen die TN einen neuen Spielpartner, und das Spiel geht weiter.

20. „Nomen, Adjektiv und Verb mit dem gleichen Buchstaben"

Lernziel: Wortschatz festigen, Schreibfertigkeiten und Fähigkeiten trainieren

Material: Papier, Stift

Dauer: 10-15 Minuten

Verlauf:

Dieses Spiel funktioniert wie das altbekannte Spiel: Stadt, Land, Fluss. Diese drei Oberbegriffe werden durch Nomen, Adjektiv und Verb ersetzt. Jeder TN notiert sich diese Begriffe in einer Tabelle. Ein TN beginnt laut mit dem Buchstaben A und sagt im Stillen das Alphabet auf, ein anderer TN stoppt ihn. Wenn das Wort „Stopp" gefallen ist, nennt der TN laut den Buchstaben, bei dem er gerade angelangt ist. Dann läuft die Zeit und jeder TN muss in jede Spalte ein Wort mit dem entsprechenden Anfangsbuchstaben notieren. Sobald der erste TN fertig ist, ruft er laut „Stopp" und alle anderen müssen sofort ihre Stifte weglegen. Daraufhin werden die Wörter verglichen.

Hat ein Mitspieler ebenfalls das gleiche Wort geschrieben, gibt es keinen Punkt. 2 Punkte erhält man, wenn Wörter nicht doppelt genannt wurden. Die Punkte werden alle zusammengezählt und das Spiel beginnt erneut.

Beispiel:

Nomen	Verb	Adjektiv
Apfel	anrufen	aktiv

21. „Wer schreibt am schnellsten?"

Lernziel: Wortschatz festigen, Rechtschreibung trainieren

Material: Papier, Stift

Dauer: 15-20 Minuten (mit Korrektur)

Verlauf:

Der KL nennt einen Oberbegriff und gibt den TN 3 Minuten Zeit. Sie sollen möglichst viele Begriffe notieren, die sie mit dem genannten Oberbegriff in Verbindung bringen. Nach Ablauf der Zeit beendet der KL die Schreibphase. Die Wörter werden gezählt und verglichen. Sieger ist derjenige, der die meisten sinnvollen und korrekten Wörter gefunden hat.

Beispiel:

Krankenhaus

Blut, Spritze, Krankenschwester, Operation etc.

22. „Nomen mit F..."

Lernziel: Wortschatz festigen, Rechtschreibung trainieren

Material: Papier, Stift

Dauer: 15-20 Minuten

Verlauf:

Der KL nennt einen Buchstaben, z. B. *F*. Jetzt müssen die TN alle Nomen mit *F* aufschreiben, die sie kennen. Sie haben 2 Minuten Zeit.

Variante 1:

Die TN müssen Nomen mit dem Anfangsbuchstaben *P* zum Thema *Einkaufen* aufschreiben: *Paprika, Putenfleisch, Parkplatz, Petersilie...*

Variante 2:

Die TN schreiben alle Wörter mit dem Anfangsbuchstaben zum Thema:

Was ich mag, Was ich nicht mag; Was ich gerne trage, esse, kaufe etc.

23. „Sokrates"

Lernziel: Wortschatztraining, Gedächtnistraining, Wissensstand ermitteln

Material: Papier, Stift

Dauer: 10-15 Min

Verlauf:

Die TN zeichnen eine Tabelle auf einem Blatt oder im Heft. Waagerecht schreiben sie Oberbegriffe. In die erste Spalte der Tabelle schreiben sie senkrecht das Wort „*Sokrates*", nach dem das Spiel genannt wurde.

Beispiel:

	Städte	Kleidung	Pflanzen	Gemüse und Obst	Tiere
S					
O					
K					
R					
A					
T					
E					
S					

Auf Kommando notieren alle TN zu jeder Kategorie entsprechende Wörter, die mit

„S O K R A T E S" beginnen.

<u>Aufgabe:</u>

In vorgegebener Zeit so viele Wörter wie möglich aufschreiben. Wer die meisten Felder ausgefüllt hat, hat gewonnen.

<u>Variante 1:</u>

Beim zweiten Spiel werden die Kategorien ersetzt, z. B. *Pflanzen, Gerichte, Länder, Filme, Vögel etc.*

<u>Variante 2:</u>

Ebenso kann man das Wort *„Sokrates"* durch ein anderes ersetzen, z. B. *Person, Platon.*

24. „Was kann dieses Wort?"

Lernziel: Wortschatztraining zu Nomen und Verben

Material: Wort- oder Bildkarten

Dauer: 5-10 Min

Verlauf:

Diese Aufgabe ist besser für PA geeignet. Eine Person nimmt verdeckt eine Karte und fragt das Gegenüber: *Was kann dieses Wort machen? Welche Tätigkeiten gibt es hier?*

Der Mitspieler nennt Verben, die ihm einfallen: *malen, lesen etc.*

Die Karte wird gezeigt. Sehr oft passen die Verben sinngemäß nicht zum Bild, und dieses Spiel sorgt für Spaß.

25. Methode „Nomen und Adjektiv"

Lernziel: Wortschatz, Wortarten festigen, Deklination der Adjektive wiederholen

Material: Wort- oder Bildkarten

Dauer: 10 Min

Verlauf:

Diese Aufgabe ist gut als PA geeignet. Ein Spieler nimmt eine Bild- oder Wortkarte ohne sie dabei dem Gegenüber zu zeigen. Er bittet ihn beliebige Adjektive dazu zu nennen.

Beispiel:

Karte mit dem Wort „Teller"

- *Wie wird dieses Wort für dich sein?*
- *Teuer, interessant, weich....*

Der Spieler zeigt dem Gegenüber seine Karte.

Variante:

Als Nächstes kann man hier Deklination der Adjektive wiederholen und die genannten Adjektive richtig mit dem Nomen verbinden.

26. Wortarten mit Bewegung

Lernziel: Wortarten unterscheiden und festigen

Material: nicht erforderlich

Dauer: 5 Min

Verlauf:

Dieses einfache Spiel kann man als Warm-up zwischendurch einsetzen, wenn die TN müde sind, oder am Ende des Unterrichts. Es ist ein Reaktionsspiel und erfordert Bewegung! So werden die TN wieder munter und können die Wortarten „sportlich" festigen. Der KL ruft verschiedene Wörter hintereinander aus.

Beispiele:

Thema Wohnen

Wohnung, mieten, teuer

Bei einem Adjektiv müssen alle TN aufstehen oder mit den Füßen stampfen.

Bei einem Nomen - klatschen alle.

Wer ein Verb hört, hebt die Hände.

Kapitel 3 - Grammatikspiele

27. Artikel-und Wortschatzgymnastik

Lernziel: bestimmte Artikel im Nominativ festigen oder andere Themen (siehe unter Varianten)

Material: Wortschatzliste

Dauer: 5 Min

Verlauf:

Bei der Wortschatzarbeit haben TN oft Schwierigkeiten mit Artikeln. Um sie zu behalten und zu festigen, kann man im Deutschunterricht folgendes Spiel gestalten.

Der KL teilt die TN in drei Gruppen. Die TN können an ihren Plätzen sitzen.

Gruppe A – DER

Gruppe B– DIE

Gruppe C– DAS

Der KL nennt Wörter ohne Artikel. Wenn das Wort einen maskulinen Artikel besitzt, steht Gruppe A auf. Wenn das Wort einen femininen Artikel hat, steht Gruppe B auf usw.

Alternativ können TN nur die Hände heben (bei älteren und weniger mobilen Lernern). Dieses Spiel kann man gut einsetzen, wenn die TN etwas Bewegung brauchen.

Man kann alternativ die Artikel auf dem Boden markieren (mit Kreide oder auf einem Blatt Papier). Der KL nennt ein Wort und die TN wählen den passenden Artikel und stellen sich darauf. Pro richtige Antwort gibt es einen Punkt. Wer die meisten Punkte hat, gewinnt.

Varianten:

- Starke-schwache Verben (*lesen, malen etc.*)
- Starke-schwache Deklination (*der Weg, der Student, der Vater, der Russe etc.*)
- Rektion der Verben mit Dativ oder Akkusativ (*sich erinnern an, sich beschäftigen mit, gratulieren zu etc.*)
- Verben mit Hilfsverben „*haben*" oder „*sein*"

- Verben mit trennbaren und untrennbaren Präfixen (*verkaufen, einkaufen, kennenlernen, fernsehen, empfangen etc.*)
- Gemüse, Obst, Milchprodukte (zu Kategorien zuordnen)

28. „Hilfe! Ich habe meinen Kugelschreiber verloren"

Lernziel: Anweisungen geben und verstehen, Dativ, Präpositionen mit Dativ

Material: Kugelschreiber oder andere Gegenstände zum Verstecken

Dauer: 10 Min

Verlauf:

Ein TN geht kurz aus dem Raum. KL oder ein anderer TN versteckt einen Kugelschreiber oder einen anderen Gegenstand. Es werden 1-2 TN bestimmt, die bei der Frage nach dem Kugelschreiber die richtige Auskunft geben. Die anderen geben falsche Antworten. Die TN benutzen Sätze in Dativ-Form.

Der TN kommt zurück, erfährt was gesucht wird und sagt:

„Hilfe! Ich habe meinen Kugelschreiber verloren. Kannst du mir bitte helfen, Maria? Wo ist der

Kuli?" (Die Redemittel für das Spiel kann man an die Tafel schreiben.)

Maria antwortet z. B.: *„Guck unter deinem Buch."* oder *„Das ist unter Dimitras Stuhl."*

Der TN fragt nun andere in der Gruppe und sucht an den Stellen, bis er den richtigen Hinweis hört und den Gegenstand findet.

29. „Koffer packen"

Lernziel: Wortschatz festigen, zuhören, Aufmerksamkeit und Gedächtnis trainieren, Akkusativ, Adjektivendung im Akkusativ, Satz *mir gefällt/mir gefallen*

Material: nicht erforderlich

Dauer: 10 Min

Verlauf:

Dieses Spiel hat einen großen Bekanntheitsgrad bei allen Lehrern und ist so gesehen „Oldi". Man kann es unterschiedlich einsetzen und je nach Unterrichtsstoff die Aufgaben variieren, z. B. für das Akkusativtraining und/oder Wortschatz zum eingeführten Thema.

Der KL beginnt das Spiel: *Ich packe meinen Koffer und nehme meine Tasche mit.*

Danach ist der erste TN an der Reihe. Er wiederholt den Satz und fügt einen Gegenstand hinzu: *Ich packe meinen Koffer und nehme eine Tasche und ein Handy mit.*

Der nächste TN wiederholt das Gesagte und führt die Aufzählung weiter. So setzt sich das Spiel fort, bis der letzte TN alles wiederholt.

Variante 1:

Es werden nur bestimmte Gegenstände mitgenommen, z. B. aus der Küche, aus dem Wohnzimmer, aus dem Apothekenschrank oder eine Tasche für das Krankenhaus wird gepackt.

Variante 2:

Die Gegenstände müssen mit einem bestimmten Buchstaben beginnen.

Variante 3:

Hier werden Adjektivendungen im Akkusativ geübt.

Der KL beginnt: *Ich packe in meinen Koffer einen roten Pullover.*

Der nächste TN wiederholt und fügt ein weiteres Teil hinzu etc.

Variante 4:

Man kann auch verschiedene Satzstrukturen festigen.

Beispiel:

-*Ich möchte Tomaten kaufen.*

-*Alina möchte Tomaten kaufen. Und ich möchte Gurken kaufen etc.*

-*Mir gefallen romantische Filme.*

-*Alina gefallen romantische Filme und mir gefallen Hörbücher etc.*

30. „Der bewegte Satz"

Lernziel: Satzstrukturen und Zeitformen trainieren

Material: Kärtchen mit Wörtern

Dauer: 5-10 Min

Verlauf:

Der KL bereitet einige Sätze für die Klasse vor und schreibt einzelne Wörter auf Kärtchen.

TN bekommt eine Karte mit einem Wort und soll sich so positionieren, dass ein korrekter Satz entsteht.

Beim Spiel denken die TN an die grammatische Struktur. Bewegung im Unterricht erlaubt die Struktur besser zu behalten. So kann man z. B. Sätze im Perfekt trainieren.

Beispiel:

Kärtchen: Buch, habe, gelesen, ich, gestern, ein

Ich habe gestern ein Buch gelesen.

Gestern habe ich ein Buch gelesen.

31. „Finde als Erster Fehler"

Lernziel: Wiederholung des gelernten Stoffs, Satzstruktur festigen, Rechtschreibung, schnelle Reaktion

Material: fehlerhafte Sätze auf ausgeteilten Blättern oder an der Tafel

Dauer: 5 Min

Verlauf:

Der KL bereitet einige Sätze zum vorher gelernten Stoff vor und schreibt sie mit Fehlern auf. Die TN bekommen Blätter mit diesen Sätzen und müssen auf Kommando Fehler suchen. Wer sie als erster findet, gewinnt.

<u>Beispiel:</u>

Finden Sie Fehler!

1. *Wie heiße Sie?*
2. *Wo kommen Sie?*
3. *Ich kommen aus Afrika.*
4. *Wie heißen du?*

5. *Woher komen sie?*

6. *Ich kome aus Polen.*

7. *Ich habe 25 Jahre alt.*

<u>Variante:</u>

Man kann auch fehlerhafte Sätze aus den Hausaufgaben oder bei der Klassenarbeit der TN heraussuchen und an die Tafel schreiben. Die Gruppe kontrolliert dann im Plenum. So können manchmal Hausaufgaben oder schriftliche Übungen im Unterricht überprüft werden.

32. Personen raten

Lernziel: kurze Informationen geben, über andere in der 3. Person Singular erzählen, Verbesserung der Satzstruktur

Material: Zettel als Steckbrief

Dauer: 10 Min

Verlauf:

Die TN bekommen leere Zettel verteilt, auf denen sie kurze Informationen über sich schreiben.

Beispiel:

Vorname: Dina

Nachname: Schmidt

Alter: 29 Jahre alt

Land: Polen

Sprachen: polnisch

Der KL sammelt die Zettel und verteilt sie unter den TN. Die TN müssen dann über die Person auf dem Steckbrief erzählen.

Beispiel:

Sie kommt aus Polen. Sie spricht polnisch. Sie ist 29 Jahr alt. Wie heißt diese Person.

Die TN in der Gruppe raten, welche Person gemeint ist.

33. „Verbformen"

Lernziel: Verben mit Personalpronomen verbinden, Verb- und Zeitformen verbessern

Material: Kärtchen mit Verben in der Grundform, Kärtchen mit Personalpronomen oder Würfel mit Personalpronomen

Dauer: 10-15 Minuten

Verlauf:

Es spielen zwei Teams gegeneinander. Die TN aus jedem Team stellen sich auf. Vor jeder Gruppe liegen auf einem Tisch jeweils zwei Stapel Kärtchen mit Verben in der Grundform (z. B. 20 Karten) und Kärtchen mit Personalpronomen (oder ein Würfel mit Personalpronomen). Auf ein Kommando laufen die ersten Spieler aus beiden Teams los, nehmen von jedem Stapel eine Karte, bilden das Verb in der angegebenen Person und schreiben es an die Tafel.

Beispiele:

gehen/er: er geht

malen/ sie (Plural): sie malen

Dann beginnen die nächsten Spieler. Der KL startet die Stoppuhr. Am Schluss kontrollieren sich die Teams gegenseitig. Das Team, das in der angegebenen Zeit die meisten Verben korrekt geschrieben hat, ist Sieger.

Variante:

Auf diese Weise können die TN Verben im Präteritum oder Perfekt bilden.

34. „Wer fragt, der führt"

Lernziel: Kommunikation, W-Fragen und Ja/Nein-Fragen, Konjunktion *weil* üben

Material: nicht erforderlich

Dauer: 10 Minuten

Verlauf:

Die TN arbeiten zu zweit und stellen sich gegenseitig Fragen. Es sollen z.b. fünf W-Fragen (z. B. *mit Warum? Wie? Wo? Wann? Woher?*) und 5 Ja/Nein-Fragen von jedem Gesprächspartner sein. Der KL gibt 5-10 Minuten Zeit dafür. Diese Übung eignet sich sehr gut zum Unterrichtsanfang, um die Gruppe auf Kommunikation, aktive Arbeit einzustimmen.

<u>Variante 1:</u>

Die Gruppe bildet zwei Teams. Die TN von beiden Team stehen einander gegenüber. TN aus Team A stellen der Reihe nach nur Fragen mit dem Fragewort „*Was?*" an die Gegenspieler, die daraufhin antworten sollen. Nachdem alle *Was-*

Fragen gestellt und beantwortet wurden, stellt das Team B Fragen nur mit dem Fragewort *„Wann?"* an das gegnerische Team.

Als Alternative stellen sich die Teams gegenseitig Ja/Nein-Fragen.

Für jede grammatisch richtig formulierte Frage oder Antwort bekommen die Teams Punkte. Anschließend werden die Punkte gezählt und die Siegermannschaft wird bestimmt.

Variante 2:

TN aus Team A stellen der Reihe nach Fragen mit dem Fragewort *„Warum?"* *(alternativ Wieso? Weshalb? Aus welchem Grund? Weswegen?)* an die Gegenspieler. TN aus Team B beantworten die Fragen, indem sie Nebensätze mit der Konjunktion *weil* *(oder da)* bilden.

35. „Versteckte Verben"

Lernziel: Verben in der Grundform erkennen, Satzstruktur und -bildung üben

Material: Tafel oder Vorlagen für TN

Dauer: 15-20 Minuten

Verlauf:

Finde 8 senkrecht und waagerecht versteckte Verben im Infinitiv, schreibe sie auf und bilde 15 Sätze mit ihnen.

Beispiel:

F	U	M	A	L	E	N
S	P	R	E	C	X	K
I	R	U	F	E	N	O
N	U	A	L	U	H	M
G	E	H	E	N	M	M
E	E	S	S	E	N	E
N	L	I	E	G	E	N
T	Z	K	T	U	N	A
L	A	C	H	E	N	D

36. „Finde das Paar"

Lernziel: Grundformen des Verbs wiederholen; Verbformen, Modalverben, Steigerungsstufen der Adjektive, Substantive in Singular und Plural vertiefen

Material: Verbkarten

Dauer: 10 Min

Verlauf:

Für das Spiel braucht man viele TN, die in Paare geteilt werden. Diese TN bekommen Karten. Ein TN ist Infinitiv des Verbs, sein Partner ist Partizip II des Verbs, z. B. TN 1 – *kommen*, TN 2 – *gekommen*.

Zwei TN bilden kein Paar und sollen kurz außerhalb des Raums warten.

Alle TN mit Karten bilden einen Kreis oder ein Quadrat im Klassenraum. Dann kommen zwei andere TN, die jetzt wie beim Memory-Spiel die Paare zusammenfinden sollen. Wer von denen mehr Paare findet, hat gewonnen.

Varianten:

- Modalverben im Präsens und Präteritum
- Starke Verben in der Präsensform
- Steigerungsstufen der Adjektive. Der KL gibt die Grundstufe eines Adjektivs vor, der TN muss die beiden Steigerungsformen nennen.
- Substantive (Singular - Pluralform)
- Rektion der Verben (sich kümmern + um)

37. „Satzarten Wurfball"

Lernziel: verstehend zuhören, sprachliche Strukturen untersuchen, reflektieren und festigen

Material: Ball

Dauer: 15 Minuten

Verlauf:

Alle TN stehen von ihrem Platz auf. Der KL wirft einem TN den Ball zu und nennt dabei einen kurzen Satz. Der TN muss den Ball zurückwerfen und den Satz je nach Vorgabe umwandeln, z. B. *in einen Fragesatz.*

Möglich sind W-Fragen, Ja/Nein-Fragen, Aufforderungssätze (Imperativ) und Wünsche mit Modalverben.

Bei der richtigen Antwort darf der Spieler stehen bleiben. Ist die Antwort falsch, muss er sich auf seinen Platz setzen. Der Sieger ist der, der als Einziger noch stehen bleibt.

Beispiel:

W-Fragen bilden (Warum? Wann? Wie? etc.)

KL: Ich lerne Deutsch.

TN: Was lerne ich?

38. Kartenstapel für Satzbildung

Lernziel: Verben in der Grundform erkennen, Satzbildung und /-Struktur, Zeitformen üben

Material: Kärtchen für TN

Dauer: 15 Minuten

Verlauf:

Für diese Arbeit muss der KL Kärtchen mit Bildern oder Wortkärtchen vorbereiten. Der KL legt drei - vier Stapel von Kärtchen (Nomen, Verben) auf den Tisch.

- Auf einem Stapel sind Wortkarten oder Bilder mit verschiedenen Personen, Menschen, Figuren (*Ballerina, Vogel, Musiker etc.*).
- Auf dem anderen Stapel sind verschiedene Objekte (*Regenschirm, Apfel, Buch*).
- Der KL kann auch einen Stapel von verschiedenen Orten, Plätzen vorbereiten

(Gebäude, *Geschäfte, Schule, Wohnung, Haus, Park, Strand etc.*)

- und einen Stapel mit Verben (*lesen, sprechen, machen etc.*).

Die TN ziehen Kärtchen von jedem Stapel aus und bilden Sätze.

Beispiel:

Kärtchen: Ballerina, Regenschirm, Strand, tanzen.

Die Ballerina tanzt mit dem Regenschirm am Strand.

Das Spiel bringt viel Spaß mit sich. Die TN bilden oft lustige Sätze wie „*Die Oma liest den Kuchen im Park.*"

Man kann dieses Spiel zum Trainieren der Zeitformen und anderer grammatischer Strukturen einsetzen. Die TN können ihre Sätze im Präsens oder Perfekt bilden.

Variante:

Für Fortgeschrittene TN bringt der KL noch einen Wörterstapel mit Adjektiven. Die TN bilden Sätze mit Adjektiven und wiederholen somit Adjektivdeklination.

Beispiel: *Kärtchen: Ballerina, Regenschirm, Strand, tanzen, groß, dick*

Eine dicke Ballerina tanzt mit dem großen Regenschirm am Strand.

Oder

Eine dicke Ballerina tanzt mit dem Regenschirm am großen Strand.

Lustige Beispiele von den Teilnehmern:

1. Die ängstliche Schülerin weint ... ...
   ... im Keller.

2. An mutiger Busfahrer zieht eine hässliche
   Jacke auf den ... an.   +

3. Der schnelle Tiger läuft mit dem Handy zum
   sauren Markt.

4. Eine ... Kuh ... ...
   ... ... in der Schule

5. Ein wacher Lehrer liegt im warmen
   Cafe unter dem Tisch. +

39. „Ich werde Detektiv"

Lernziel: Sätze bilden und schreiben, Perfekt wiederholen

Material: vorbereitete Fragen

Dauer: 15 Min

Verlauf:

Die TN sind Detektive und müssen im Auftrag eines Kunden einen Bericht schreiben. An der Tafel stehen Leitfragen für den Bericht.

<u>Beispiel:</u>

1. *Wen habe ich gesehen?*
2. *Mit wem war diese Person unterwegs / zusammen?*
3. *Wo habe ich diese Person gesehen?*
4. *Wann habe ich diese Person gesehen?*
5. *Was haben sie gemacht.*

Es können natürlich auch andere Fragen sein, z. B.:

1. *Wer?*

2. *Was macht er? (oder Was hat er gemacht?)*

3. *Wann?*

4. *Wo?*

5. *Warum?*

Alle TN bekommen ein Blatt Papier und schreiben zuerst nur eine Antwort auf die erste Frage im ganzen Satz. Dann falten sie das Blatt so zusammen, dass man die Antwort nicht sieht und geben sie an den Sitznachbarn weiter. Anschließend schreiben alle TN die Antwort auf die 2. Frage usw.

An Ende sammelt der KL die Blätter ein und die Geschichten werden vorgelesen. Es ist meistens sehr lustig, weil die Sätze nicht zusammenpassen, und alle haben Spaß.

Es ist empfehlenswert, diese Aufgabe mit kleineren Gruppen durchzuführen und auf gleichem Sprachniveau. Sonst dauert es zu lange bis die schwächeren TN mit ihren Antworten fertig sind und die stärkeren TN langweilen sich.

40. „Wem gehört das?"

Lernziel: Possessivpronomen festigen

Material: Gegenstände von TN, eine Box oder Tasche

Dauer: 5 Minuten

Verlauf:

Alle TN legen ihre Sachen in einen Karton (Tasche) des KL rein. Dieser holt die Sachen heraus und fragt: *Wem gehört das?*

Es wird *meins, meine, meiner, ihr, ihre, ihres, seins, seiner, seine* trainiert.

Wer schnell reagiert, bekommt einen Punkt.

41. „Schnell, schneller, am schnellsten"

Lernziel: Steigerungsstufen der Adjektive festigen

Material: große Tafel

Dauer: 10-15 Minuten

Verlauf:

Die TN bilden zwei Teams A und B. Dazu wird die Tafel in zwei Spalten aufgeteilt. Der KL schreibt Adjektive in der Grundform für diese Teams. Die Spieler laufen der Reihe nach zur Tafel und schreiben Adjektive in Komparativ und Superlativ auf. Am Ende werden Fehler geprüft und Punkte vergeben.

Beispiel:

schnell

schneller-am schnellsten

42. „Was kann man damit tun?"

Lernziel: Modalverb in der 3. Person Sg. und Objektpronomen trainieren

Material: nicht erforderlich

Dauer: 10 Min

Verlauf:

Ein TN geht nach vorn und stellt sich mit dem Rücken zur Tafel. Der KL schreibt ein Wort an die Tafel, z. B. *das Buch*.

Der TN muss jetzt herausfinden, welches Wort hinter seinem Rücken geschrieben wurde. Die übrigen TN in der Gruppe helfen dem Ratenden, indem sie sagen, was man damit alles machen kann.

Die Aufgabe der Gruppe ist auch, nicht sofort die offensichtlichen Verwendungsmöglichkeiten zu nennen, sondern mehr Kreativität zu entwickeln und verschiedene Gebrauchsvarianten zu suchen, damit der Ratende nicht so schnell die Aufgabe löst.

<u>Beispiel:</u>

das Buch

Was kann man alles damit tun?

Man kann das auf dem Kopf tragen.

Man kann dort malen.

Man kann damit jemanden schlagen.

Man kann darauf sitzen.

Man kann es werfen.

43. „Armwrestling"

Lernziel: Verbformen, Zeitformen, Steigerung der Adjektive festigen

Material: nicht erforderlich

Dauer: 10 Min

Verlauf:

Die Gruppe wird in 2 Teams aufgeteilt, z. B. Team „A" und „B".

Jeweils ein TN von jedem Team kommt nach vorn. Die Spieler aus beiden Teams sitzen sich an einem Tisch gegenüber. Beide setzen den Ellbogen eines Arms auf den Tisch, strecken die Hand nach oben und reichen sich die Hand wie beim Armwrestling.

Auf ein Startkommando nennt TN aus Team „A" ein Verb in der Grundform, z. B. *lesen* und drückt den Arm des Gegners auf die Tischplatte. TN aus Team „B" muss nun die zweite Form des Verbs (Präteritum) nennen und darf nur bei der richtigen Antwort den Arm des Gegners in die andere Richtung niederdrücken, z. B. *las*.

Wenn alles korrekt ist, schreibt der KL das Ergebnis 1:1 an die Tafel und es beginnt die zweite Runde. TN B nennt die Grundform und TN A antwortet. Wenn wieder alles richtig ist, ist der Stand 2:2.

Das Spiel geht mit anderen TN weiter. Das Team mit mehr Punkten gewinnt.

Variante:

Auf diese Weise kann man auch Perfekt, Steigerungsstufen der Adjektive, Rektion der Verben etc. trainieren.

44. „Verben Ping-Pong"

Lernziel: Partizip II, Perfekt, Präteritum trainieren

Material: nicht erforderlich oder Verbkarten in der Grundform und ein Ball

Dauer: 10 Min

Verlauf:

Dieses Spiel ähnelt dem Spiel „Armwrestling". Zwei TN gehen an die Tafel und stellen sich einander gegenüber. Der TN 1 nennt Infinitiv eines Verbs, z. B. *machen.*

TN 2 bildet Partizip II dieses Verbs, z. B. *gemacht.* Macht TN 2 einen Fehler, so geht der Punkt an TN 1. Anschließend ist TN 2 an der Reihe und muss die Grundform eines anderen Verbs nennen. TN 1 „spielt zurück".

Jedes Mal, wenn ein Fehler gemacht wird, bekommt der Gegner einen Punkt. Wer zuerst 5 Punkte hat, ist Sieger.

Nun sind zwei andere Spieler an der Reihe. Die „Zuschauer" dürfen während des Spiels auf keinen Fall vorsagen.

Der KL schreibt die richtigen Verbformen nach und nach an die Tafel.

Am Schluss können die TN Sätze mit diesen Verben im Perfekt bilden.

Variante:

Alternativ können Sie dieses Spiel mit Verbkarten in der Grundform und einem weichen Ball durchführen.

Die Gruppe wird in zwei Teams geteilt und einander gegenüber aufgestellt (oder TN sitzen einander gegenüber): Team A und Team B. Alle TN bekommen Verbkarten. TN 1 vom Team A wirft den Ball dem gegenüberstehenden (sitzenden) TN und nennt das Verb, das auf seiner Karte steht. Der Gegenspieler nennt Präteritum. Ist die Antwort korrekt, bekommt sein Team 1 Punkt. Daraufhin liest er das Verb von seiner Karte vor und wirft den Ball zurück. TN 1 vom Team A muss nun

Präteritum von diesem Verb bilden und übergibt danach den Ball seinem Nachbar. So geht das Spiel weiter und am Ende werden Punkte gezählt. Sieger ist das Team mit mehr Punkten.

45. Ballspiel „Wer bleibt stehen"

Lernziel: Verbformen wiederholen, festigen

Material: Ball

Dauer: 10 Min

Verlauf:

Alle TN stehen von ihrem Platz auf. Der KL wirft einem TN einen Ball zu und nennt dabei den Infinitiv eines Verbs. Der TN muss den Ball zurückwerfen und das Verb in eine vorher vereinbarte Form setzen, z. B. Präsens, Perfekt, Plusquamperfekt, Futur I oder II.

Ist diese Antwort richtig, darf er stehen bleiben. Ist sie falsch, muss er sich auf seinen Stuhl setzen. Sieger ist, wer am Schluss als Einziger noch an seinem Platz stehen bleibt.

Beispiel:

1 Person Sg. / Vergangenheit / Präteritum

Lehrer: gehen

TN: Ich ging.

<u>Varianten:</u>

- Mehrere Zeitformen nennen, z. B. *Präteritum und Perfekt.*
- Steigerungsformen der Adjektive. Der KL gibt die Grundstufe eines Adjektivs vor, der TN muss die beiden Steigerungsformen nennen.

46. Klassenspaziergang mit Perfekt

Lernziel: Perfekt trainieren, Fragen stellen und selbst über Vergangenheit erzählen

Material: Papier, Stift oder Kärtchen mit vorgefertigten Fragen, Musik

Dauer: 15 Min

Verlauf:

Die TN schreiben auf ihren Zetteln eine W-Frage im Perfekt oder der KL bereitet diese Fragen selbst auf Kärtchen vor: für jeden Lerner eine Frage.

Beispiel:

1. Wann bist du heute aufgestanden?

2. Wie lange hast du gestern Hausaufgaben gemacht?

3. Wann bist du gestern ins Bett gegangen?

4. Wie lange hast du gestern ferngesehen?

5. *Was hast du gestern gekocht?*

6. *Wann bist du heute zum Deutschkurs gekommen?*

7. *Was hast du gestern gelesen?*

8. *Wie bist du heute zum Deutschkurs gekommen?*

9. *Warum bist du heute schlecht gelaunt*

10. *Was hast du heute zum Frühstück gegessen?*

Die Kärtchen werden an die TN verteilt und sie gehen in die Mitte des Klassenraums. Der KL kann dabei Musik einschalten und die TN unter Musikbegleitung laufen lassen. Wenn die Musik stoppt, wenden sie sich an ihr Gegenüber und lesen ihre Frage vor. Der Gesprächspartner antwortet und liest anschließend seine Frage vor. Danach tauschen sie die Kärtchen und gehen im Kreis weiter bis die Musik wieder stoppt und sie den nächsten Gesprächspartner finden.

47. „Warum und Weil"

Lernziel: Satzbau, Warum-, Weil-Satze wiederholen, Schreibfertigkeit trainieren

Material: Papier, Stift

Dauer: 10 Min

Verlauf:

Jeder TN schreibt auf einen Zettel eine Frage mit dem Fragewort „*Warum*" und gibt ihn verdeckt seinem Nachbarn weiter. Die Sitznachbarn tauschen ihre Zettel und schreiben eine *Weil*-Antwort darauf. Danach lesen die TN ihre Sätze in der Gruppe laut vor. Die TN korrigieren Sätze, wenn sie Fehler finden.

Oft entstehen komische Sätze und es wird heiter in der Gruppe. Dieses Spiel lockert die Atmosphäre im Unterricht auf.

48. „Nervensäge"

Lernziel: W-Fragen mit „was?", „warum?",
„weshalb?", „wieso?" stellen, Antworten mit *weil*
und Perfekt üben

Material: nicht erforderlich

Dauer: 5-10 Min

Verlauf:

Hier können zwei TN miteinander sprechen. Eine
Person spielt eine Nervensäge und stellt ständig
W-Fragen. Die andere Person gibt Antworten mit
„weil". Danach wechseln die TN ihre Rollen.

<u>Beispiel:</u>

- *Was hast du heute gemacht?*
- *Ich habe gearbeitet*
- *Warum hast du heute gearbeitet?*
- *Weil ich Geld brauche.*
- *Warum brauchst du Geld? etc.*

49. „Aktiv zu Passiv"

Lernziel: Perfekt und Passiv im Präteritum trainieren

Material: Zettel oder Kärtchen

Dauer: 15 Min

Verlauf:

Dieses Spiel besteht aus drei Schritten. Bei Schritt eins bekommen die TN leere Zettel oder Kärtchen, auf denen sie jeweils einen Satz im Perfekt mit Objekt-Ergänzung zum Thema: *Was hast du heute (gestern) gemacht?* schreiben. Z. B.: *Ich habe gestern ein Buch gelesen. Ich habe eine leckere Suppe gekocht. Usw.*

Bei Schritt zwei sammelt der KL diese Zettel und verteilt sie gemischt an die Gruppe. Jetzt muss jeder aus dem jeweiligen Satz Passiv Präteritum bilden und auf den Zettel darunterschreiben, z. B.: *Das Buch wurde gestern gelesen. Die leckere Suppe wurde gestern gekocht.*

Anschließend sammelt der KL wieder die Zettel und verteilt sie zum dritten Mal an die TN. Jetzt ist die Aufgabe der TN diese Sätze zu prüfen und gegebenenfalls zu korrigieren.

Variante:

Klassenspaziergang. Die TN schreiben ihre Sätze wie in der Aufgabe oben beim ersten Schritt im Perfekt auf einen Zettel. Beim Klassenspaziergang suchen sie einen Partner und lesen sich gegenseitig ihre Sätze vor und wandeln sie in Passiv Präteritum um. Danach tauschen sie die Zettel und suchen einen neuen Partner.

50. Ratespiel

Lernziel: Relativsatzstruktur üben und festigen, Sprechaktivität

Material: nicht erforderlich

Dauer: 10 Min

Verlauf:

TN beschreiben der Reihe nach ihre Mitschüler aus der Gruppe. Dabei halten sie sich an die vorgegebene grammatische Struktur. Die anderen müssen raten, welcher TN gemeint ist. Die Aufgabe des KL ist, an die Relativsatzstruktur zu erinnern.

Beispiel:

Das ist eine Person, die immer spät zum Unterricht kommt.

Das ist eine Person, die immer ein Kopftuch trägt.

51. „Finde mich!"

Lernziel: Konjunktion *während* festigen

Material: Karten

Dauer: 15 Min

Verlauf:

Alle TN bekommen leere Kärtchen. In PA schreiben sie je einen Hauptsatz mit passendem *während*-Nebensatz auf zwei Kärtchen.

Beispiel:

1 Kärtchen: *Mila ist immer unpünktlich,*

2: Kärtchen: *während Alina immer zu früh kommt.*

Alle Kärtchen werden vom KL eingesammelt, gemischt und neu verteilt. TN laufen im Raum umher und suchen ihren Gegenpart.

52. Präpositionstraining

Lernziel   Präpositionen *weil, denn, um ...zu, obwohl* festigen

Material: nicht erforderlich

Dauer: 10 Minuten

Verlauf:

Der KL schreibt an die Tafel einen Satz, z. B.

Ich lerne Deutsch,

weil

denn

um ...zu

obwohl

Die TN suchen möglichst viele Gründe und bilden Sätze nach dem folgenden Modell:

Ich lerne Deutsch, weil ich in Deutschland studieren möchte.

Ich lerne Deutsch, denn ich möchte ...etc.

Die TN lesen Ihre Sätze vor. Die Gruppe korrigiert im Plenum die Fehler.

<u>Variante:</u>

Auf einem höheren Niveau können auch Satzkonstruktionen mit folgenden Konjunktionen verwendet werden: *obwohl, damit, auf diese Weise, wegen.*

53. „Zwei Fakten"

Lernziel: Satzbau, zweigliedrige Konjunktionen festigen

Material: Kärtchen mit Konjunktionen

Dauer: 15 Min

Verlauf:

KL verteilt Kärtchen-Sets mit zweigliedrigen Konjunktionen an die Gruppe. TN können zu zweit oder zu viert arbeiten. Die TN decken der Reihe nach wie beim Memory-Spiel zwei Kärtchen auf und bei passenden Kärtchen bilden sie Sätze mit diesen Konjunktionen, die ihre Mitschüler beschreiben. Die Sätze werden an die Tafel geschrieben und von den Teams vorgelesen. Die Gruppe korrigiert gegebenenfalls die Fehler.

Beispiel:

weder – noch

sowohl – als auch

entweder – oder

nicht nur – sondern auch

einerseits - andererseits

Deni ist nicht nur groß, sondern auch witzig.

Anna spricht sowohl Deutsch als auch Polnisch.

Bashar hat weder Töchter noch Söhne.

Maryam fährt entweder nach Norwegen oder nach Schweden in Urlaub.

54. „Was wäre, wenn ..."

Lernziel: Satzbau, Perfekt, Konjunktiv II trainieren

Material: Papier, Stift

Dauer: 10 Minuten

Verlauf:

TN schreiben drei Aktivitäten auf, die sie gestern gemacht haben. Dann sprechen sie mit ihrem Partner und sagen was passiert wäre, wenn sie das gestern nicht gemacht hätten.

Beispiel:

Ich habe gestern geputzt.

Wenn ich nicht geputzt hätte, wäre es bei mir schmutzig.

55. „Du könntest..."

Lernziel: würde + Infinitiv, Modalverb *können* im Konjunktiv II trainieren, Sprachaktivität, Tipps geben

Material: Papier, Klebezettel oder Klebebandstreifen, Stift

Dauer: 10 Minuten

Verlauf:

Dieses Spiel kann man in PA machen. Ein TN bekommt eine Karte, auf der ein Problem beschrieben ist. Die Karte kann er aber nicht lesen, weil sie auf seinem Rücken befestigt ist. (Dazu eignen sich Klebezettel oder Klebebandstreifen.) Sein Gegenüber kann ihm dabei helfen, das Problem zu erraten. Er gibt ihm Tipps zur Lösung des Problems.

Beispiel:

Das Problem – Ich bin dick.

Tipps: Du könntest weniger essen, Sport machen. Du könntest wenig Süßigkeiten essen etc.

Der TN soll raten welches „Problem" er hat.

Variante 1:

Alle TN haben „Probleme auf dem Rücken". Sie laufen im Klassenraum umher und helfen sich gegenseitig, ihre Probleme zu identifizieren. Sie können mit mehreren Spielern dabei in Kontakt treten. Diese Aufgabe bringt viel Bewegung und viel Sprechaktivität in den Unterricht.

Variante 2:

Alle TN schreiben auf einem Zettel ein Problem auf, dass sie stört, z. B. *Ich habe Rückenschmerzen. Ich möchte besser Deutsch sprechen etc.* Danach sammelt der KL alle Zettel, mischt sie und verteilt an die Gruppe. Jetzt müssen die TN einen Tipp, eine Lösung zu dem Problem finden und auf diesem Zettel aufschreiben. Danach lesen die TN die Sätze vor.

Variante 3:

Ähnlich wie Variante 2, aber hier kann man die Konstruktion mit *würde + Infinitiv* trainieren: *An deiner Stelle würde ich ...*

Beispiel: *Ich bin dick.*

Tipp: An deiner Stelle würde ich weniger essen.

Kapitel 4 - Kombinierte Gruppenspiele: Wortschatz- und Grammatikwiederholung, Interaktion, Konversation

Diese Kategorie umfasst Spiele, in denen unterschiedliche Arbeitsformen gleichzeitig kombiniert werden. Mit diesen spielerischen Methoden kann man mehrere Kompetenzen und Fertigkeiten trainieren und sprachliche Aktivitäten fördern.

56. „Freies Sprechen"

Lernziel: Warm-up, in Sprechaktivität kommen, monologisches Sprechen üben

Material: nicht erforderlich

Dauer: 4 Min

Verlauf:

Diese Methode eignet sich als PA. Jeder TN muss 2 Minuten ohne Pause über ein beliebiges oder ein festgelegtes Thema sprechen.

Beispiel:

Thema: Was hast du gestern gesehen, gehört, gelesen?

Wer aufhört hat, hat verloren.

57. „Der Autogrammjäger"

Lernziel: grammatische Strukturen wiederholen und automatisieren

Material: Fragenliste

Dauer: 10 Min

Verlauf:

Jeder TN bekommt eine Liste mit geschlossenen Fragen (Ja oder Nein-Fragen) zu einem Thema. Beim Klassenspaziergang müssen die TN eine Ja-Antwort auf ihre Fragen finden und Autogramme von den TN sammeln.

Aufgabenstellung:

Finde zu jeder Frage eine Ja-Antwort und sammle Autogramme. Du hast 10 Minuten Zeit.

Wer sammelt die meisten Autogramme?

Beispiele:

Autogrammjagd zum Thema „Feiertage"

1. Feierst du Feiertage gern?

2. Ist Weihnachten dein Lieblingsfest?

3. Feierst du gern mit der Familie?

4. Machst du gern Geschenke?

5. Feierst du lieber mit deinen Freunden?

6. Bekommst du gern Geschenke?

7. Backst du gern zu Weihnachten?

8. Schmückst du zu Hause einen Tannenbaum?

9. Machst du einen Adventskalender?

10. Gehst du mit der Familie an Weihnachten in die Kirche?

Am Ende werden Ja-Antworten bei jedem TN gezählt und verglichen. Gewonnen hat TN mit den meisten Punkten.

Varianten:

Man kann mit der Autogrammjagd folgende Grammatikthemen trainieren:

- Satzbau in geschlossenen Fragesätzen (Ja-/Nein-Fragen)
- Satzbau in offenen Fragesätzen
- Satzbau in Nebensätzen
- Rektion der Verben
- Reflexive Verben
- Präpositionen/ Wechselpräpositionen
- Konjunktionen: wenn, als, dass, weil, da, denn
- Konjugation der starken Verben
- Deklination der Substantive
- Deklination der Adjektive

Hier kann man seiner Kreativität freien Lauf lassen und verschiedene Fragen ausarbeiten.

58. „Schriftsteller"

Lernziel: Wortarten wiederholen, Satzstruktur festigen, Rechtschreibung, Ausdrucksfähigkeit üben

Material: Papier, Stift

Dauer: 10-15 Min

Verlauf:

Dieses Spiel ist gut als Teamarbeit. Jedes Team aus sechs TN bekommt ein Blatt Papier. Der erste TN schreibt ein Adjektiv auf, faltet das Blatt sodass die anderen nichts lesen können und gibt es weiter. Der nächste TN schreibt ein Nomen, der dritte TN schreibt ein Verb, der vierte – ein Adjektiv, der fünfte – wieder ein Nomen. Der sechste öffnet das Blatt, liest alle Wörter vor und bildet daraus einen grammatikalisch richtigen Satz.

Am Ende lesen die Gruppen ihre Sätze vor und der KL schreibt sie an die Tafel. Meistens sind sie ziemlich lustig und kreativ.

Variante:

Für Fortgeschrittene! Die Gruppe kann aus den in Teams entstandenen Sätzen eine lustige Geschichte schreiben.

59. „Mein neuer Stil"

Lernziel: Sprachaktivität, Fragestellung, Wortschatz zum Thema Kleidung trainieren, Wahrnehmung

Material: nicht erforderlich

Dauer: 10 Min

Verlauf:

Ein TN geht kurz aus dem Klassenraum und ändert etwas an seinem Aussehen (seiner Kleidung oder seiner Frisur). Er kommt wieder herein und fragt: *Was ist an mir anders?* oder *Ich sehe anders aus. Könnt ihr den Unterschied merken?*

Alle TN schauen genau. Wer glaubt, den Unterschied gefunden zu haben, meldet sich und wird von dem fragenden TN aufgerufen.

Beispiel:

Sind das deine Haare? – Nein.

Deine Ärmel sind hochgekrempelt.- Nein.

Dein Knopf ist auf.- Ja.

Wer die Änderung gefunden hat, darf als nächstes „seinen Stil verändern".

60. „Wer sucht, der findet ...“

Lernziel: Fragen formulieren und stellen, zuhören und kommunizieren lernen

Material: Fragenkatalog für jeden TN, Stift

Dauer: 20-30 Minuten

Verlauf:

Diese Aufgabe erfordert ein wenig Vorbereitung. Der KL muss vorher Fragen ausarbeiten und genügend Kopien für die TN machen. Der Klassenspaziergang ist sehr beliebt bei den TN und man kann ihn immer wieder einsetzen. Auf diese Weise kann man mit den TN verschiedene Themen trainieren.

Jeder TN bekommt einen Fragenkatalog und muss seine Mitspieler in der Gruppe befragen. Vor dem Spielstart sollte der KL lieber alle Fragen mit den TN durchlesen, unbekannten Wortschatz gemeinsam klären und Fragestellung üben.

Dann geht es los. Bei jeder Ja-Antwort notieren die TN den Namen der Person. Am Ende werden alle

Namen gezählt: einen Punkt für jeden Namen. Wer mehr Personen in der Gruppe gefunden hat, ist der Sieger und bekommt eine Belohnung in Form von Süßigkeiten.

Beispiel:

Finde eine Person, die....

einen Hund hat

eine Katze hat

ein Musikinstrument spielt

gut kochen kann

eine Schwester hat

einmal in Amerika war

gern Krimis liest

im Chor singt

zu Hause gern putzt

gut Tennis spielen kann

Schlittschuhlaufen kann

einen Bruder hat

selbst Gedichte schreibt

in Mathe gut ist

Spinat mag

Schneeballschlacht gern spielt

tierlieb ist

oft am Computer spielt

gern reist

ins Schwimmbad geht

nicht schwimmen kann

einen treuen Freund (eine treue Freundin) hat

gut malen kann

Englisch kann

den Winter mag

backen kann

keinen Führerschein hat

Nach 20-30 Min (je nach der Gruppengröße) beendet der KL das Spiel. Die TN zählen die Punkte.

Bei diesem Spiel erfahren TN sehr viel übereinander.

61. „Wer ist wie ich?"

Lernziel: Kennenlernaktivität, Fragestellung üben, zuhören, Zusammengehörigkeit der Gruppe stärken

Material: Fragenkatalog für jeden TN, Stift

Dauer: 20 Min

Verlauf:

Diese Aufgabe ähnelt der vorherigen (Kapitel 60) und erfordert Vorbereitungszeit. Die TN bekommen Blätter mit Fragen. Der KL geht mit den TN alle Fragen durch und übt die Fragestellung.

Die TN müssen dann im Raum umhergehen und nach einer oder mehreren Personen suchen, die Ähnlichkeiten mit ihnen hat. Für jede gefundene Person gibt es einen Punkt. Am Ende wird verglichen. Wer mehr Personen gefunden hat als die anderen, hat gewonnen.

Beispiel:

Wer hat gleich (genauso) viele Kinder wie Sie?

Wer ist im selben Monat wie Sie geboren?

Wer hat die gleiche Lieblingsfarbe wie Sie?

Wer hat gleich viele Schwestern wie Sie?

Wer hat gleich viele Brüder wie Sie?

Wer ist heute Morgen um die gleiche Zeit aufgestanden wie Sie?

Wer hat die gleiche Kleidergröße wie Sie?

Wer hat die gleiche Schuhgröße wie Sie?

Wer hat genauso viele Zimmer in seiner Wohnung (seinem Haus) wie Sie?

Wer ist heute mit dem gleichen Verkehrsmittel zum Unterricht gekommen wie Sie?

Wer treibt die gleiche Sportart wie Sie?

Wer hat heute die gleichen Sachen zum Frühstück gegessen wie Sie?

Das Spiel eignet sich sehr gut zum Unterrichtsschluss, wenn die TN sich nicht mehr konzentrieren können und ein bisschen Bewegung brauchen. Alle unterhalten sich gut und erfahren durch Fragen mehr übereinander. Dieses Spiel ist im Unterricht bei den TN sehr beliebt.

Variante:

Die TN sollen im Raum umhergehen und mindestens drei Personen finden, mit denen sie etwas gemeinsam haben. Das kann ein gemeinsames Hobby sein, der gleiche Vorname der Mutter, ein Lieblingsessen, Lieblingsmusik etc.

Nicht erlaubt sind Fragen nach offensichtlichen Dingen wie Name, Kleidung, Haarfarbe oder nach Dingen, die TN schon voneinander kennen wie Herkunft, Familienstand, Kinderzahl, etc. Am Ende berichten die TN, mit wem sie was gemeinsam haben.

Beispiel:

Modalverb *dürfen* im Fragesatz festigen

Darf ich fragen, was dein Hobby ist?

Darf ich fragen, wie viele Kinder du hast?

Darf ich fragen ob du Geschwister hast?

62. „Über Wörter sprechen"

Lernziel: freie Kommunikation

Material: Karten mit Wörtern, die TN kennen:
z. B. Heft, Schrank, Wassermelone

Dauer: 5 Min

Verlauf:

Das Spiel ist gut für die Paararbeit geeignet. Ein TN zieht eine Karte und erzählt 1-2 Min. über das gegebene Wort alles, was er sagen kann: Was man damit macht, wo es ist, wie ist das etc.

Der KL stoppt die Uhr und dann ist sein Partner an der Reihe.

63. „Blinder Roboter"

Lernziel: Wegbeschreibungen geben und Richtungen verstehen, Imperativ

Material: evtl. Stühle als Hindernisse, 2 Augenbinden

Dauer: 10 Min

Verlauf:

Die Gruppe wird in zwei Teams aufgeteilt und je zwei TN spielen gegeneinander. Die anderen TN sind Hindernisse, z. B. Häuser, die sich für jede Spielrunde neu im Raum aufstellen. Sie stehen im Weg und können auch die Arme ausbreiten usw. Während des Spiels dürfen sich die Hindernisse nicht bewegen.

Ein TN pro Team ist der Roboter und hat verbundene Augen. Es wird auch sein Steuermann aus dem Team gewählt. Der Roboter muss nur auf Sprachsignale seines Teampartners, der gewählt wird, reagieren. Der Steuermann benutzt dabei

Befehle, die der KL für die Festigung an die Tafel schreibt:

Gehen Sie nach rechts.

Gehen Sie nach links.

Gehen Sie geradeaus.

Stopp.

Wenden Sie.

Gehen Sie zurück.

Gehen Sie ungefähr ... Schritte. (Man kann auch Du-Form benutzen)

Der KL markiert das Ziel, auf das die TN zusteuern.

Die Roboter, die sich auch wie ein Roboter bewegen sollen, werden nun von ihren Partnern mit Sprachbefehlen zum Ziel geführt. Gewonnen hat, wer zuerst das Ziel erreicht. Wer mit einem Hindernis oder anderen Spielern zusammenstößt, scheidet aus. Man kann nachher Spieler austauschen und weiter die Redemittel (in der Sie-Form oder Du-Form) trainieren.

Selbst den Erwachsenen macht diese Aufgabe Spaß. Sie können auf diese Weise viel bewegen, sogar wie Roboter, und das bringt Abwechslung beim Unterricht.

64. Klassenspaziergang

Lernziel: bestimmte Strukturen lernen, trainieren, freie Kommunikation

Material: Kärtchen mit Aufgaben oder keins

Dauer: 10-15 Min

Verlauf:

Diese Aufgabe erfordert ein wenig Vorbereitung. Alle TN bekommen Kärtchen, bei denen auf der Vorderseite eine Aufgabe und auf der Rückseite die Lösung steht. Die TN müssen jetzt im Klassenraum herumspazieren und den Mitspielern ihre Karte mit der Aufgabenseite zeigen. Man fragt die anderen und korrigiert sie bei Bedarf.

Auch die leistungsschwächeren TN können durch die Lösung auf der Rückseite die stärkeren TN korrigieren. Man kann diese Aufgabe am Anfang oder am Ende des Unterrichts durchführen.

Variante:

TN müssen einen Partner finden und ihm eine Frage stellen, z. B. mit dem Fragewort „*Was?*". Alle TN formulieren solche Fragen und stellen sie gegenseitig. Nach dem Signal des KL wechseln die TN den Partner. Sie stellen dann eine andere Frage mit dem Wort „*Wie*".

<u>Nutzen:</u> Alle kommen ins Gespräch und die Sprachkompetenz wird gefördert. Mehrmalige Anwendung der Fragewörter in den Fragesätzen ermöglicht es den TN, den grammatischen Satzbau zu festigen.

65. „Wahr oder falsch?"

Lernziel: ruhiges Kennenlern-Ratespiel über Eigenschaften der TN, Partner mit wahren und erfunden Informationen vorstellen

Material: Papier, Stift

Dauer: 20-30 Min

Verlauf:

Zuerst sprechen die TN zu zweit miteinander. Ein TN ist ein Journalist und befragt den anderen zu verschiedenen Punkten aus seinem Leben. Danach teilt er der gesamten Gruppe vier interessante Fakten über den Interviewten mit. Aber nur drei stimmen. Die Gruppe soll raten, welche Information erfunden ist.

Variante:

Jeder TN schreibt drei interessante Fakten über sich.

Zwei Fakten sollen dabei wahr und ein Fakt gelogen sein.

<u>Beispiel:</u>

Ich mag Malen und habe viele meiner Bilder zu Hause.

Letzten Sommer habe ich Italien gesehen.

Ich habe keinen Führerschein.

Die TN sollen abstimmen, z. B. Ist Fakt 1 wahr?

Bei einer Ja-Antwort heben sie die Hände.

66. „Sternfakten"

Lernziel: ruhiges Kennenlern-Ratespiel zu wichtigen Fakten der TN, Ja/Nein-Fragen trainieren

Material: Tafel oder Papier

Dauer: 5-10 Min

Verlauf:

Dieses Spiel passt gut an das Unterrichtsende. Ein TN zeichnet einen Stern mit fünf Begriffen an die Tafel. Diese sind mit seinem Leben verbunden. Die Gruppe versucht zu erraten, was diese Begriffe für ihn bedeuten. Sie dürfen dabei Ja/Nein-Fragen stellen.

Beispiel:

Rot. Ist rot deine Lieblingsfarbe? – Ja.

2. Hast du zwei Kinder? – Nein.

Hast du zwei Brüder? etc.

139

Man kann bei diesem Spiel mehrere TN nacheinander an die Tafel rufen oder die TN zeichnen die Sternfakten an ihren Plätzen und befragen sich untereinander.

67. „Schneeball"

Lernziel: Ratespiel über die TN, Fragen stellen, ins Gespräch kommen

Material: Papier, Stift

Dauer: 15 Min

Verlauf:

Jeder TN schreibt 2-3 Sätze über sich auf einzelne Zettel.

Beispiel:

Ich spiele seit 15 Jahren Tennis.

Ich möchte eine Ausbildung als Altenpflegerin machen etc.

Die TN zerknüllen ihre Zettel, sodass sie wie Schneebälle aussehen. Auf Kommando werfen die TN die „Schneeballzettel" einander zu.

Anschließend glätten die TN die „Schneebälle", lesen die Angaben darin und müssen den Besitzer finden. Sie stellen Fragen dazu.

Maria, möchtest du eine Ausbildung als Altenpflegerin machen?

Edita, liebst du ...

Wenn der TN den Besitzer des „Schneeballzettels" findet, schreibt er seinen Namen darauf. Sieger ist, wer die meisten Personen erraten hat.

Variante:

Fortgeschrittene TN schreiben Sätze über sich mit Konjunktionen „als", „nachdem".

Beispiel:

Als ich klein war, hatte ich kein Handy.

Als ich klein war, spielte ich viel Fußball.

Nachdem ich Abitur gemacht hatte, studierte ich an der Uni.

68. „Fünf Bilder über mich"

Lernziel: Ratespiel über die anderen, Kommunikation, Fragen stellen, Vermutungen anstellen

Material: passende Bilder aussuchen

Dauer: 10 Min

Verlauf:

Dieses Spiel benötigt etwas Vorbereitung zu Hause, um passende Bilder auszusuchen. Man kann diese Aufgabe auch gut im Online-Unterricht durchführen. Der KL und (oder) die TN suchen fünf Bilder aus, die sie charakterisieren, beschreiben, z. B. Schauspieler, Urlaub, Hund, Tomaten, Kaffee.

Beispiel:

-Schau diese fünf Bilder an. Sie sagen etwas über mich aus. Was erfährst du über mich?

- Hast du einen Hund? – Nein

- Magst du Hunde? – Ja

usw.

Danach tauschen die TN die Rollen.

Folgende universelle Themen eignen sich besonders: Essen, Fußball, Tiere, Musik, Sommer, Lieblingsfarbe etc.

69. „Meine Top-Lieblingssachen"

Lernziel: einander kennenlernen, Kommunikation

Material: Kategorien an die Tafel oder auf Kärtchen schreiben

Dauer: 10-15 Min

Verlauf:

Dieses Spiel ist sowohl für den Unterricht in der Klasse als PA oder Minigruppenarbeit als auch für Online-Unterricht mit einem Lernenden geeignet.

Es werden fünf Kategorien gewählt.

Beispiel:

Urlaubsorte

Interessante Menschen

Essen

Filme oder Bücher

Jahreszeiten

Ein TN wählt eine Kategorie aus und erzählt 1 Minute ohne Pause darüber.

Variante:

In Minigruppen von drei TN zieht ein TN eine Karte und muss zum Thema 1 Minute lang sprechen. Die anderen hören zu.

70. „Du und ich"

Lernziel: Fragen stellen, ins Gespräch kommen, Vergleiche anstellen

Material: Papier, Stift

Dauer: 20 Min

Verlauf:

Die TN arbeiten in Paaren und vergleichen sich. Es geht nicht nur um äußere Unterschiede, sondern auch um andere Besonderheiten und Eigenschaften.

Beispiel:

Delman hat längere Haare als ich.

Ich bin größer, als Olga.

Ich bin Single und Olga nicht.

Variante:

Anstatt Vergleiche anzustellen, versuchen die TN zu ermitteln, was sie mit ihrem Gesprächspartner gemeinsam haben. Anschließend berichten die

Paare der Gruppe über die gefundenen Gemeinsamkeiten:

Beispiel:

Wir joggen morgens beide.

Wir sind beide verheiratet.

Wir lesen nicht gerne Bücher.

71. „Wer bin ich?"

Lernziel: geschlossene Fragen stellen, Sprechaktivität

Material: Papier (Klebezettel), Stift

Dauer: 10-15 Min

Verlauf:

Ein TN geht kurz aus dem Klassenraum. Die Gruppe einigt sich auf eine bekannte Person, die er erraten soll. Ist der TN zurück, bekommt er einen Klebezettel auf den Rücken oder die Stirn mit dem Namen dieser Person. Seine Aufgabe ist es durch Fragen den Namen herauszufinden. Er stellt Ja/Nein-Fragen an die Gruppe.

Variante 1:

Ein TN bekommt einen Zettel (oder schreibt diesen Zettel selbst) mit dem Namen einer bekannten Persönlichkeit. Man kann auch den Namen eines Mitspielers aus der Gruppe nehmen. Jetzt stellt die Gruppe Ja/Nein-Fragen, um diese Person zu erraten.

Variante 2:

Jeder TN schreibt seinen Namen auf einen Zettel. Alle Karten werden eingesammelt und gemischt. Dann zieht jeder TN eine Karte. Nun muss die Gruppe einem TN Fragen zu seiner Person stellen, die er mit „Ja" oder „Nein" beantworten darf.

Variante 3:

Jeder TN schreibt einen Begriff (ein Nomen zum Thema Lebewesen, z. B. Berufe, Tiere) auf einen Zettel. Dann geht das Spiel weiter wie oben in Variante 2 beschrieben. Die TN können auch in PA ihre Begriffe erraten.

72. „Tic-Tac-Toe (Dodelschach)"

Lernziel: aktives Sprechen

Material: Papier, Stift

Dauer: 10-15 Min

Verlauf:

Dies ist ein schönes und einfaches Zweipersonen-Strategiespiel, das jeder kennt. Man kann es mit einigen Abwandlungen im Sprachunterricht verwenden. Der KL zeichnet an der Tafel als Muster ein Spielfeld 3 x 3 und erklärt die Regeln. Die TN sollen abwechselnd ihre Zeichen auf ein freies Spielfeld setzen. Eine Person zeichnet Kreise, die andere Person Kreuze. Die Felder sind nummeriert und themenbezogen.

Die TN spielen dann zu zweit an ihren Plätzen und zeichnen selbst ein Spielfeld auf einem Blatt Papier. Ein Spieler wählt ein Lieblingsthema, setzt sein Zeichen ein und spricht 1-2 Minuten darüber. Dann wählt sein Mitspieler ein anderes Thema, zu dem er sprechen möchte. Der Spieler, der als Erster drei Zeichen in eine Zeile, Spalte oder Diagonale setzt, gewinnt.

Beispiel für Themen:

Essen

Familie

Sport

Reisen

Arbeit/Studium

Wetter

Farben

Kinder

Hobby

1. ESSEN ✕	2. FAMILIE	3. REISE
4. SPORT	5. ARBEIT, STUDIUM ✕	6. WETTER
7. FARBEN ◯	8. KINDER	9. HOBBY ◯

73. „12 Stunden"

Lernziel: aktives Sprechen, Fragestellung üben

Material: Papier, Stift

Dauer: 30-40 Min

Verlauf:

TN bekommen Blätter und schreiben dort Uhrzeiten von 8 Uhr morgens bis 23 auf (je nachdem wie viele Personen im Unterricht anwesend sind).

Ideal für das Spiel: 12 Teilnehmer.

Die Aufgabe jedes Spielers ist alle Mitspieler zu kontaktieren. Dabei sollen sie sich zu einer Uhrzeit verabreden, die für beide passend ist.

Bei diesem Spiel finden aktive Dialoge statt.

Beispiel:

- *Maria, hast du um 15 Uhr Zeit? Können wir ins Cafe gehen?*

- *Leider kann ich nicht. Ich habe ein Treffen mit Lisa, aber ich kann um 18 Uhr. Etc.*

So verabredet sich jeder und schreibt die Namen der Personen für jede Stunde auf. Hier kann man das Spiel beenden.

Es lässt sich alternativ weiter ausbauen.

Der KL bereitet zwölf Fragen zu einem Thema vor. Ist dieses z. B. Weihnachten, dann sind folgende Fragen passend: *Wie sind deine Pläne für Weihnachten? Was kochst du zum Weihnachtsfest? Etc.*

Der KL sagt: „Es ist 8 Uhr!"

TN, die für 8 Uhr eine Verabredung haben, gehen an die Tafel und diskutieren zu zweit eine Frage. Nach einigen Minuten sagt der KL: „9 Uhr"; dann kommen andere TN und besprechen eine weitere Frage. Das Spiel nimmt viel Zeit in Anspruch und ist sehr gut für die aktive Teilnahme am Unterricht. Alle kommen so ins Gespräch.

74. „Kugellager"

Lernziel: Verben mit Präpositionen üben, persönliche Informationen geben, mit zufälligen Partnern frei sprechen

Material: evtl. Kärtchen mit Fragen

Dauer: 20 Min.

Verlauf:

Dieses Spiel bringt eine müde und gelangweilte Gruppe in Schwung. Die Gesamtgruppe wird in zwei gleich großen Gruppen geteilt und die TN bilden zwei Stuhlkreise: einen Innenkreis und einen Außenkreis. Es sitzen sich immer zwei TN gegenüber. Die TN können sich aber auch in zwei Kreisen aufstellen.

Der KL gibt ein Thema vor und schreibt die Fragen an die Tafel, z. B. *„Wofür interessierst du dich?"* oder *„Worüber ärgerst du dich?"*, *„Wie hast du deine/n beste/n Freund/in kennengelernt?"* oder der KL verteilt vorbereitete Fragekärtchen.

Die TN haben zwei Minuten Zeit über das Thema zu sprechen.

Der KL unterbricht die Gespräche der TN nach zwei Minuten mit einem Signal. Die TN im Innenkreis gehen im Uhrzeigesinn einen Platz weiter.

Die TN haben wieder zwei Minuten Sprechzeit. Der KL entscheidet, ob über das gleiche oder ein neues Thema gesprochen wird.

Das Ganze wird mehrere Male wiederholt.

Variante:

Der KL hat Kärtchen mit Fragen zu den Themen, die im Unterricht behandelt werden sollen. Jeder TN bekommt eine Fragekarte und stellt die Frage seinem Gegenüber im Kugellagerspiel. Zuerst antwortet die Person im Außenkreis, während der Gesprächspartner zuhört. Danach tauschen die TN die Rollen. Auf ein Signal des KL tauschen die TN ihre Kärtchen, wechseln ihren Gesprächspartner indem alle TN im Innenkreis nach rechts zum nächsten Partner weiterrücken und ihm die Frage stellen.

<u>Beispiel:</u>

Fragen zum Thema „Mode und Schönheit"

- *Was trägst du gerne bei einem Fest / Party?*
- *Was müssen Männer für gutes Aussehen machen?*
- *Was müssen Frauen für ihr gutes Aussehen machen?*
- *Was tust du für dein Aussehen?*
- *Welche Haare möchtest du haben?*
- *Du hast 500 Euro für Kleidung/Kosmetik bekommen. Was kaufst du?*
- *Du kannst für einen Tag anders aussehen. Wie möchtest du aussehen?*
- *Welche Kleidung trägst du jeden Tag?*
- *Wie oft gehst du zum Friseur (zur Maniküre, Fußpflege)?*
- *Wie viel Zeit verbringst du morgens im Bad? Was machst du für dein Aussehen?*
- *Welchen Kleidungsstil findest du schön? usw.*

75. „Ein Wort und 1000 Möglichkeiten"

Lernziel: Wortschatz festigen, Kreativität und Konversation fördern

Material: nicht erforderlich

Dauer: 10-15 Min

Verlauf:

Die TN bilden Teams und bekommen eine Aufgabe zu einem Wort, z. B. *Leiter*.

Finden Sie so viele Anwendungsbereiche / Nutzungsmöglichkeiten für dieses Wort wie Sie können.

Was kann man mit einer Leiter alles machen?

Die TN besprechen in Gruppenarbeit, diskutieren, was sie mit der Leiter machen könnten. Sie suchen sowohl praktische Tipps als auch kreative, fantasievolle Ideen: z. B. klettern, eine Brücke zwischen Ufern aufbauen, zum Aufhängen der Wäsche benutzen etc.

Im Plenum stellen die Teams ihre Ideen vor. Gewinner ist die Gruppe, die die meisten Ideen gefunden hat.

Das Beste zum Schluss

An dieser Stelle möchte ich mich bei meinen Teilnehmern aus den Sprachkursen bedanken, mit denen ich diese Aktivitäten ausprobieren durfte und beim Mitspielen auch eine Menge Spaß hatte. Diese Personen haben an der Entstehung des Buches wesentlichen Anteil.

Ich bedanke mich bei meiner Schwiegermutter Waltraud, ehemaliger Englischlehrerin, und bei meinem Mann Steffen, der eine Gabe zur Strukturierung und gute Schreibfähigkeiten hat. Dieses Buch wäre auch nur halb vollkommen ohne ihre Hilfe. Sie haben geduldig lektoriert, korrekturgelesen und mir einige Tipps gegeben.

Sie können mir gern Ihre Verbesserungsvorschläge senden oder Fragen stellen.

Wenn Sie dieses Buch hilfreich gefunden haben, wäre ich dankbar für Ihre Bewertung und eine freundliche Rezension bei Amazon. Sollte Ihnen das Buch weniger bis gar nicht gefallen haben oder Sie haben einen Fehler entdeckt, bitte ich um eine E-Mail-Nachricht unter:

leserbewertung@gmail.com .

Vielen Dank für Ihre Unterstützung!

Ressourcen und empfehlenswerte Literatur anderer Autoren

Impulse, Ideen haben mir folgende Quellen und Personen gegeben:

Barbara Kiener: 66 Spielideen Deutsch, Auer Verlag in der AAP Lehrerfachverlage GmbH; Auflage: 2, 2017.

Mario Rinvolucri und Paul Davis: 66 Grammatikspiele Deutsch als Fremdsprache, Ernst Klett Sprachen, Stuttgart, 1999.

Christiane Lemcke, Lutz Rohrmann, Theo Scherling: Berliner Platz. Deutsch im Alltag, Klett-Langenscheidt, München, 2013.

Nina Wilkening: 80 schnelle Spiele für die DaZ- und Sprachförderung, Verlag an der Ruhr, 2013.

Penny Ur, Andrew Wright: 111 Kurzrezepte Deutsch als Fremdsprache. Interaktive Übungsideen für zwischendurch, Ernst Klett Sprachen Stuttgart 1995.

Gabriele Wintermeier: Die 50 besten Spiele für Deutsch als Zweitsprache, Don Bosco Medien GmbH, München, 2016.

Сергей Федин, Юлия Болотина: Игры нашего детства, Москва Айрис-Пресс, 2006.

Monika Rehlinghaus, DaF-Dozentin, Referentin bei Workshops „Spielend Grammatik lernen", „Wortschatzspiele".

Übersichtstabelle mit Aktivitäten und Lernzielen

Nr r.	Überschrift	Thema, Lernziele	Niveau
		Eisbrecherspiele	
1	Namensspiel	andere TN kennenlernen, Auflockerung	●
2	Kettenspiel	sich vorstellen, Namen der TN lernen, zuhören lernen, Gedächtnistraining	●
3	Teamaufstellung nach ABC	Namen der TN lernen, zuhören lernen, Alphabet (Datum, Herkunft) wiederholen	●
		Wortschatz und ABC	
4	Verschiedene Methoden zur Arbeit mit der Wortschatzliste	Wörter mit Artikeln wiederholen, Wortschatz trainieren, Singular, Plural, Rechtschreibung üben	●

5	Brainstorming Aktivität	Wortschatz zu verschiedenen Themen auffrischen, festigen, Rechtschreibung	●
6	„Ich bin Maria und ich bin modisch"	Kennenlernen, Namen und Adjektive miteinander verbinden, Adjektive, die in Verbindung mit der Person stehen	●●
7	„Finde deinen Partner	Wortschatz wiederholen, gegensätzliche Wörter, Komposita finden, trennbare Verben bilden	● ●●
8	Obst und Gemüse-ABC	Wortschatz zu einem bestimmten Thema auffrischen, Rechtschreibung	● ●●
9	„Gegenteile mit Ball"	gegensätzliche Wörter finden, Wörter in Sinnzusammenhänge setzen	●
10	„Schriftsetzer"	Wörter bilden, Rechtschreibung	●

11	„Assoziationen Lebensmittel"	Wortschatz wiederholen, schnelle Reaktion, assoziieren und kategorisieren zum Thema *Lebensmittel* oder anderen Themenbereichen	•
12	„Welches ist dein Lieblingswort?"	Wortschatz einer Lektion wiederholen	•
13	„Wörter sammeln"	Wortschatz trainieren, Rechtschreibprüfung	•
14	Wortschatztest	Gedächtnistraining	••
15	Mind-Map / Bildassoziationen	Wortschatz festigen	•
16	Essbar – Nicht essbar"	Wortschatz festigen, zuhören, Aufmerksamkeit und gute Reaktion trainieren	•
17	„Städte"	Wortschatz festigen, zuhören lernen, Aufmerksamkeit und gute Reaktion trainieren	•
18	„Tabu"	Wortschatz festigen, zuhören, erklären,	•• •••

		Aufmerksamkeit und Gedächtnis trainieren	
19	Wortschatzge wimmel	Festigung eines zuvor gelernten Wortschatzes, sprachliche Kompetenzen ausbauen	●
20	„Nomen, Adjektiv und Verb mit dem gleichen Buchstaben"	Wortschatz festigen, Schreibfertigkeite n und Fähigkeiten trainieren	● ●●
21	„Wer schreibt am schnellsten?"	Wortschatz festigen, Rechtschreibung trainieren	● ●●
22	„Nomen mit F..."	Wortschatz festigen, Rechtschreibung trainieren	● ●●
23	„Sokrates"	Wortschatztrainin g, Gedächtnistrainin g, Wissensstand ermitteln	●● ●●●
24	„Was kann dieses Wort?"	Wortschatztrainin g zu Nomen und Verben	●
25	Methode „Nomen und Adjektiv"	Wortschatz, Wortarten festigen, Deklination der Adjektive wiederholen	●

26	Wortarten mit Bewegung	Wortarten unterscheiden und festigen	•
		Grammatikspiele	
27	Artikel- und Wortschatzgymnastik	bestimmte Artikel im Nominativ festigen oder andere Themen	•
28	„Hilfe! Ich habe meinen Kugelschreiber verloren!"	Anweisungen geben und verstehen, Dativ, Präpositionen mit Dativ	••
29	„Koffer packen"	Wortschatz festigen, zuhören, Aufmerksamkeit und Gedächtnis trainieren, Akkusativ, Adjektivendung im Akkusativ, Satz mir gefällt/mir gefallen	• ••
30	„Der bewegte Satz"	Satzstrukturen und Zeitformen trainieren	•
31	„Finde als Erster Fehler"	Wiederholung des gelernten Stoffs, Satzstruktur festigen, Rechtschreibung, schnelle Reaktion	•
32	Personen raten	kurze Informationen geben, über andere in der 3.	•

		Person Singular erzählen, Verbesserung der Satzstruktur	
33	„Verbformen"	Verben mit Personalpronomen n verbinden, Verb- und Zeitformen verbessern	•
34	„Wer fragt, der führt"	Kommunikation, W-Fragen und Ja/Nein-Fragen, Konjunktion weil üben	• ••
35	„Versteckte Verben"	Verben in der Grundform erkennen, Satzstruktur und -bildung üben	•
36	„Finde das Paar"	Grundformen des Verbs wiederholen; Verbformen, Modalverben, Steigerungsstufen der Adjektive, Substantive in Singular und Plural vertiefen	• ••
37	„Satzarten Wurfball"	verstehend zuhören, sprachliche Strukturen untersuchen,	• ••

		reflektieren und festigen	
38	Kartenstapel für Satzbildung	Verben in der Grundform erkennen, Satzbildung und /-Struktur, Zeitformen üben	●● ●●●
39	„Ich werde Detektiv"	Sätze bilden und schreiben, Perfekt wiederholen	●●
40	„Wem gehört das?"	Possessiv-pronomen festigen	●
41	„Schnell, schneller, am schnellsten"	Steigerungsstufen der Adjektive festigen	●●
42	„Was kann man damit tun?"	Modalverb in der 3. Person Sg. und Objektpronomen trainieren	●●
43	„Armwrestling"	Verbformen, Zeitformen, Steigerung der Adjektive festigen	● ●●
44	„Verben Ping-Pong"	Partizip II, Perfekt, Präteritum trainieren	●
45	Ballspiel „Wer bleibt stehen?"	Verbformen wiederholen, festigen	●
46	Klassenspazie rgang mit Perfekt	Perfekt trainieren, Fragen stellen und selbst über	●●

		Vergangenheit erzählen	
47	„Warum und weil"	Satzbau, *Warum-, Weil*-Satze wiederholen, Schreibfertigkeit trainieren	••
48	„Nervensäge"	W-Fragen mit *„was?"*, *„warum?"*, *„weshalb?"*, *„wieso?"* stellen, Antworten mit *weil* und Perfekt üben	••
49	„Aktiv zu Passiv"	Perfekt und Passiv im Präteritum trainieren	•• •••
50	Ratespiel	Relativsatzstruktur üben und festigen, Sprechaktivität	•• •••
51	„Finde mich!"	Konjunktion *während* festigen	•••
52	Präpositionstraining	Präpositionen *weil, denn, um ...zu, obwohl* festigen	•• •••
53	„Zwei Fakten"	Satzbau, zweigliedrige Konjunktionen festigen	•••

54	„Was wäre, wenn …"	Satzbau, Perfekt, Konjunktiv II trainieren	●●●
55	„Du könntest…"	Würde + Infinitiv, Modalverb können im Konjunktiv II trainieren, Sprachaktivität, Tipps geben	●●
		Kombinierte Gruppenspiele: Wortschatz- und Grammatikwiede rholung, Interaktion, Konversation	
56	„Freies Sprechen"	Warm-up, in Sprechaktivität kommen, monologisches Sprechen üben	●● ●●●
57	„Der Autogrammjä ger"	grammatische Strukturen wiederholen und automatisieren	●● ●●●
58	„Schriftsteller"	Wortarten wiederholen, Satzstruktur festigen, Rechtschreibung, Ausdrucksfähigkei t üben	●● ●●●

59	„Mein neuer Stil"	Sprachaktivität, Fragestellung, Wortschatz zum Thema Kleidung trainieren, Wahrnehmung	● ●●
60	„Wer sucht, der findet…"	Fragen formulieren und stellen, zuhören und kommunizieren lernen	●●
61	„Wer ist wie ich?"	Kennenlernaktivität, Fragestellung üben, zuhören, Zusammengehörigkeit der Gruppe stärken	●●
62	„Über Wörter sprechen"	freie Kommunikation	●
63	„Blinder Roboter"	Wegbeschreibungen geben und Richtungen verstehen, Imperativ	● ●●
64	Klassenspaziergang	bestimmte Strukturen lernen, trainieren, freie Kommunikation	●
65	„Wahr oder falsch?"	ruhiges Kennenlern-Ratespiel über Eigenschaften der TN, Partner mit wahren und erfunden	●●

		Informationen vorstellen	
66	„Sternfakten"	ruhiges Kennenlern-Ratespiel zu wichtigen Fakten der TN, Ja/Nein-Fragen trainieren	••
67	„Schneeball"	Ratespiel über die TN, Fragen stellen, ins Gespräch kommen	•• •••
68	„Fünf Bilder über mich"	Ratespiel über die anderen, Kommunikation, Fragen stellen, Vermutungen anstellen	• ••
69	„Meine Top-Lieblingssach en"	einander kennenlernen; Vergleiche anstellen, Kommunikation	••
70	„Du und ich"	Fragen stellen, ins Gespräch kommen, Vergleiche anstellen	••
71	„Wer bin ich?"	geschlossene Fragen stellen, Sprechaktivität	••
72	„Tic-Tac-Toe"	aktives Sprechen	••

175

73	„12 Stunden"	aktives Sprechen, Fragestellung üben	●●
74	„Kugellager"	Verben mit Präpositionen üben, persönliche Informationen geben, mit zufälligen Partnern frei sprechen	●● ●●●
75	„Ein Wort und 1000 Möglichkeiten "	Wortschatz festigen, Kreativität und Konversation fördern	●●●

● − leicht

●● - mittel

●●● − fortgeschritten

Register

Die Zahlen beziehen sich auf die Nummer der jeweiligen Aktivität

177

Impressum und Haftungsausschluss

Buchtitel: 75 einfache Spiele ohne viel Vorbereitung für den Deutschkurs: Deutsch als Fremdsprache lernen

© Ekaterina Klaer

1. Auflage 2019

Lumumby-Str. 10-126 / 428022 Cheboksary / Russia, leserbewertung@gmail.com

Covergestaltung: Ekaterina Klaer (canva.com)

Fotos: Ekaterina Klaer

Alle Inhalte dieses Buches wurden sorgfältig und nach bestem Gewissen erstellt und zusammengetragen. Sie spiegeln persönliche Erfahrung der Autorin wider. Fehler sind jedoch nicht ganz auszuschließen.

Nicht in allen Fällen war es mir möglich, die Ideengeber und Rechteinhaber festzustellen. Berechtigte Ansprüche werden selbstverständlich im Rahmen der üblichen Vereinbarungen abgegolten. Ich bitte Sie um Verständnis.

Die Autorin übernimmt keine juristische Verantwortung oder Haftung für die Aktualität, Korrektheit, inhaltliche Vollständigkeit oder Qualität der bereitgestellten Informationen. Dieses Buch enthält externe Links, auf deren Inhalte die Autorin keinen Einfluss hat. Für die Inhalte der verlinkten Seiten ist stets der jeweilige Anbieter oder Betreiber der Seiten verantwortlich. Haftung oder Gewähr des Verfassers für Personen-, Sach- und Vermögensschäden ist ausgeschlossen.

Für Fragen und Anregungen:

leserbewertung@gmail.com